Ute Andresen · Monika Popp

Bruder Löwenzahn und Schwester Maus

Geschichten von Tieren und Pflanzen

Dieses Buch gehört

Bruder Löwenzahn und Schwester Maus

Geschichten
von Tieren und Pflanzen
Gesammelt und erzählt
von Ute Andresen
Bilder von Monika Popp

BELTZ
& Gelberg

Vorwort

 B c . . .

Damit hat es angefangen: Du hast das Alphabet ge-
lernt. Kannst du dich an die Zeit erinnern, als A und B,
C und D und all die andern Buchstaben dir noch gar
nichts sagten? – Jetzt erzählen und erklären, fragen
und antworten sie, sobald du ein Buch öffnest und zu
lesen beginnst. Ohne noch auf die einzelnen Buchstaben zu achten, verstehst du ganze Geschichten,
kurze und lange in diesem Buch.

Du wanderst und kletterst, schwimmst und fliegst
in der Geschichtenwelt. Wenn du wieder daraus
zurückkehrst, bist du ein wenig verwandelt, denn du
bist Pflanzen und Tieren wie Brüdern und Schwestern
begegnet. Du weißt dann besser als zuvor, dass sie
deiner Liebe und Achtung wert sind.

Wir waren zu zweit. Ich habe die Geschichten ge-
sucht. Einige habe ich aus älteren Büchern in dieses
Buch übernommen. Manche Fundgeschichten habe
ich verändert. Und wenn ich über ein Tier oder eine
Pflanze keine passende Geschichte fand, habe ich
mir eine ausgedacht.

Monika war die Malerin. Mit feinen Pinseln und bunten Stiften machte sie Bilder aus ihren Phantasien.

In Deutschland haben wir mit der Arbeit angefangen. Dann ist Monika mit ihrer Familie nach Kanada ausgewandert. Sie lebte dort mit einem großen Hund, vielen Katzen und sehr, sehr vielen Kühen auf der *Big Bear Farm.* Ich bin mit meinen Katzen in München geblieben, aber einmal habe ich Monika in Kanada besucht. Vor allem aber mussten wir einander viele Briefe schreiben, bis alle Geschichten für das Buch ausgesucht und in die richtige Form gebracht, und bis alle Bilder gemalt waren.

Jetzt sind sie gedruckt. Du kannst sie lesen und, wenn sie dir gefallen, noch einmal lesen oder sogar jemandem, den du gerne hast, vorlesen.

Wie gut, dass es so viele Menschen gibt, die lesen können! Wie gut, dass du lesen kannst: Wörter, Sätze, Geschichten. Wie gut, dass sie längst dir gehören: alle Buchstaben unseres Alphabets von A, B, C bis …

Ute Andresen

I.
KAPITEL

*Es erzählt dir
von Eis und Schnee
und grimmiger Kälte,
von einer großen Flut
und dem Ende des Friedens
am großen See.*

Warum der Schnee weiß ist

Als unser Herr
alles erschaffen hatte,
Gras und Kräuter und Blumen,
und ihnen
die schönsten Farben gegeben hatte,
machte er zuletzt auch den Schnee
und sagte zu ihm:
»Die Farbe kannst du dir selbst suchen,
denn du frisst ohnehin alles.«

Der Schnee ging also zum Gras
und sagte:
»Gib mir deine grüne Farbe!«
Er ging zur Rose
und bat um ihr rotes Kleid.
Dann ging er zum Veilchen
und wieder zur Sonnenblume,
denn er war eitel
und wollte einen schönen Rock haben.

Aber Gras und Blumen
lachten ihn aus
und schickten ihn seines Weges.

Da setzte er sich zum Schneeglöckchen
und sagte betrübt:
»Wenn mir niemand seine Farbe gibt,
so ergeht es mir wie dem Wind,
der nur darum so böse ist,
weil man ihn nicht sieht.«

Da erbarmte sich das Blümchen
und sagte bescheiden:
»Wenn dir
mein schlechtes Mäntelchen gefällt,
magst du es nehmen.«

Und der Schnee nahm es
und ist seitdem weiß;
aber allen Blumen bleibt er Feind,
nur nicht dem Schneeglöckchen.

Deutsches Volksmärchen

Wo die Kälte herkommt

Ganz weit oben in Nordgrönland
sitzt auf einem Eisberg
die Kältehummel.
Sie ist zwanzigtausend Kilo schwer
und möchte gerne fliegen.
Ihre Flügel sind aber viel zu schwach.

Trotzdem lässt sie sie dauernd
auf und ab schwirren,
weil sie hofft, es gelingt ihr eines Tages doch.
Dadurch bewegt sie die eiskalte Luft so stark,
dass sie bis zu uns kommt.

Den ganzen Winter lang
übt die Kältehummel,
bis sie im Frühling erschöpft einschläft.
Zum Glück,
denn sonst hätten wir keinen Sommer.

Im Sommer schläft die Kältehummel
und träumt, sie könne fliegen.

Ein Schläuling, der nicht gerne fror,
schickte ihr einmal
ein großes Paket voll Schlaftabletten,
weil er hoffte,
sie schlafe dann auch im Winter.

Aber der Briefträger war ein Eisbär,
und der war so neugierig,
dass er das Paket aufmachte
und alle Tabletten selber schluckte.

Seither wird in Nordgrönland
keine Post mehr ausgetragen,
denn der Eisbär schläft noch heute.

Und weil er der Einzige ist,
der weiß,
wo die Kältehummel wohnt,
kann niemand genau sagen,
wie es ihr jetzt geht.

Aber solang es jedes Jahr Winter wird,
können wir annehmen,
dass sie noch lebt.

Franz Hohler

Als die Sonne fort war

Vor langer Zeit, als die Welt neu war, lebten alle Tiere am Ufer des großen Sees in Frieden und Freundschaft. Sie sprachen eine gemeinsame Sprache und kein Tier fraß ein anderes. Alle lebten von Blättern und Pflanzen.

Eines Nachts in dieser fernen Zeit begann Schnee zu fallen. Er fiel und fiel und die Nacht nahm kein Ende. Der Schnee bedeckte alle Pflanzen und Büsche, und die Tiere hatten ihre Not, Futter zu finden. Viele starben.

Da beschlossen sie, Kundschafter in die Himmelswelt zu schicken. Sie wollten von den Himmelsleuten erfahren, was die Ursache der langen Nacht und des tiefen Schnees sei. Alle Tiere schickten einen Vertreter ihrer Art mit. Die fliegen konnten, trugen die anderen, die nicht fliegen konnten. So erreichten sie miteinander die Himmelswelt und schlüpften durch die Falltür hinein.

Da stand eine große Hütte aus Hirschfellen. Darin fanden sie die Kinder des Schwarzbären, der damals noch nicht auf der Erde lebte. Die kleinen Bären sagten, ihre Mutter sei auf einem See in der Nähe im Kanu unterwegs und wolle mit dem Speer das Karibu jagen. Das erschreckte die Erdleute, weil das Karibu zu ihnen gehörte. Aber sie sagten nichts.

Sie schauten sich in der Hütte um.
Da hingen merkwürdige Säckchen von der Decke.

Die Erdleute fragten:
»Was ist in diesen Säckchen?«
Die Bärchen wollten zuerst nicht antworten, aber dann
sagten sie:
»Wir können es euch nicht sagen. Unsere Mutter hat
uns aufgetragen, hier zu bleiben und auf die Säckchen
zu achten.«

Die Erdleute überlegten:
»Ob diese Säckchen wohl etwas mit unserem Leben
auf der Erde zu tun haben?«
Und sie fragten die Bärchen wieder und wieder.
Schließlich gaben die Kleinen nach und erzählten:
»In diesem Säckchen sind die Winde. In dem dort sind
der Regen und der Nebel. Und in dem da ist die Kälte.
In diesem hier aber …«
Doch sie wollten nicht erzählen, was im letzten
Säckchen war.
»Das ist ein großes Geheimnis. Unsere Mutter wird
böse werden und uns verhauen, wenn wir es euch
verraten.«

Aha!, dachten die Erdleute und steckten die Köpfe
zusammen.

»Im letzten Säckchen kann nur die Sonne sein. Und Sonne ist genau das, was wir haben wollen.«

Rasch machten sie einen Plan und versteckten sich. Maus rannte zum Ufer des Sees und nagte das Paddel der Bärin an. Sobald sie ein Zeichen gab, sprang Karibu ins Wasser.

Die Bärchen sahen es und schrien ihrer Mutter zu: »Mutter! Mutter! Schau, das Karibu!«
Die Erdleute sahen, wie die schwarze Bärin in ihr Kanu sprang, das Paddel ergriff und begann, Karibu mit aller Kraft zu verfolgen. Aber bald brach das Paddel, das Kanu schlug um und die Schwarzbärin verschwand in den Fluten.

Karibu schwamm ans Ufer, Maus kehrte zu ihren Freunden zurück und alle Erdleute rannten in die Hütte.
Sie rissen das Säckchen, das sie haben wollten, herunter und fanden darin die Sonne, den Mond und die Sterne. Sie warfen sie durch die Falltür hinunter.

Als sie die Tür öffneten, sahen sie: Der Schnee lag so hoch, dass er die Wipfel der höchsten Pinien bedeckte. Aber schon begann er in der Hitze der Sonne zu schmelzen.

Die Erdleute wollten alle zugleich hinunter, das ging nicht gut: Biber spaltete sich den Schwanz, und das Blut bespritzte Luchs. Elch drückte sich die Nase ein, und Büffel prellte sich den Rücken.

Seither ist Bibers Schwanz flach, ist Luchs gefleckt, hat Elch eine platte Nase und Büffel eine Beule auf dem Rücken.

Die drei Bärchen kamen mit den Erdleuten hinab, und so gibt es nun auch Bären in der Erdenwelt.

Der Schnee schmolz so rasch, dass die Erde bald ganz von Wasser bedeckt war. Die Fische hatten früher auf dem Land gelebt. Jetzt merkten sie, dass sie schwimmen konnten. Sie trugen ihre Freunde auf dem Rücken. Aber sie fanden keine Nahrung. Am Ende waren die Erdleute so hungrig, dass sie Rabe baten: »Fliege überall hin und suche trockenes Land!«

Zu der Zeit war Rabe der schönste aller Vögel. Auf der Suche nach Land fand er den Kadaver eines toten Tieres. Obwohl er niemals vorher etwas anderes als Beeren und Weidenblätter gegessen hatte, begann er, sich am Fleisch seines Tierbruders zu laben.

Zur Strafe wurde Rabe in den Vogel verwandelt, der er heute ist. Alle Vögel und alle andern Tiere hassen ihn. Und sogar der Mensch, der doch alles isst, wird niemals sein Fleisch kosten.

Dann schickten die Erdleute Schneehuhn auf die Suche
nach trockenem Land. Als Schneehuhn zurückkam,
trug es auf dem Rücken einen Weidenzweig. Das war
ein Zeichen der Hoffnung, und es wurde belohnt.
Wenn der Schnee fällt, wird Schneehuhn weiß. So
warnt es Tiere und Menschen, dass der Winter nahe
ist.

Aber das friedvolle, freundliche Leben am großen
See war vorüber. Als die Wasserfluten fort waren,
merkten die Fische, dass sie nicht mehr auf dem Land
leben konnten. Dort wären sie von den Vögeln und
den anderen Tieren gefressen worden.
Die Vögel entdeckten, dass sie nirgendwo so sicher
waren wie hoch in den Bäumen oder oben in den
Bergen.

Bald konnten die Vögel und die Fische und die Tiere
mit vier Beinen nicht mehr dieselbe Sprache
verstehen.

Nicht lang danach kamen die ersten Menschen zum
großen See.

Und seitdem gab es keinen Frieden mehr.

Indianische Legende aus Kanada

Big Bear Farm, 5. April 1986

Liebe Ute!
An einem blauen Aprilmorgen
ist die Schneefrau
in den Teich gefallen.
Da hat sie gelacht
und ist mit ihren
vielen Schneekindern
davongeschwommen.

Ich habe durch das Fenster
unseres Hauses zugeschaut.
Laß bald von Dir hören —

Monika

Himmelsschlüssel

»Uuuaah!«
Petrus gähnte herzhaft und lange.
»Müde bin ich heute! – Uuuaah!«
Er steckte einen goldenen Schlüssel
in das Schloss der hellgrünen Türe,
hinter der Zephir wohnt,
der laue Frühlingswind.
Er sollte in der Nacht übers Land brausen,
den letzten Schnee fortlecken
und die winterstarre Erde aufwecken.

Aber Zephir drängte so stürmisch heraus,
dass er Petrus sein Schlüsselbund entriss.
»Hoppla!«
Damit war Zephir auf und davon.

Die Schlüssel waren zur Erde gefallen
und lagen nun verstreut auf einer Wiese,
wo niemand sie finden konnte.

Am nächsten Morgen aber
stand die Wiese voll goldgelber Blumen.
Wir nennen sie heute noch Himmelsschlüssel.

Ute Andresen

II.
KAPITEL

Es erzählt dir
vom Ungehorsam der Kinder,
von den Sorgen der Eltern,
von Geborgenheit daheim
und dem Weg ins eigene Leben.

Bruder Löwenzahn

»Ich bin dein Bruder
und du bist mein Bruder,
wir alle sind Brüder«,
wisperten die winzigen Nüsschen,
die dicht an dicht zusammenhockten,
jedes unter einem Fallschirm aus Seidenhaar.

»Brüder sind wir,
du und ich und du und du.
Bald fliegen wir los!
Wartet nur, bis der Wind bläst!
Dann fliegen wir auf und davon,
auf und davon!

Wo werden wir landen?
Wo wird der Wind uns hintragen?
Wer weiß? Wer weiß?
Wir bleiben zusammen, unbedingt!
Wir sind Brüder, Kinder einer Blüte.
Einer sieht aus wie der andere.
Wir bleiben zusammen,
zusammen!«
Sie bebten vor Erwartung.

»Bald ist es so weit, bald, bald!
Wir wollen hinaus in die Welt
und Kinder haben, viele Kinder!
Brüder, lauter Brüder wie wir.«

Ein Wirbelwind, ein ganz kleiner, zaghafter,
fuhr vorüber und in die Gesellschaft hinein.
»Los! Hopp!«, riefen ein paar der Brüder
und ließen sich mitnehmen.
Aber die anderen hielten noch fest.
»Zusammen!«, wisperten sie erschreckt,
»zusammen, alle zusammen!
Weit, weit fort!«

Da kam ein Kind an der Hand des Vaters.
»Eine Pusteblume!«, rief es,
pflückte sie ab und pustete hinein.
Und fort stoben die Brüder
in alle Himmelsrichtungen.

Sieh selbst einmal nach,
wo sie alle gelandet sind.

Ute Andresen

Rabengeschichte

Es waren einmal fünf Rabenkinder,
die hatten einen Rabenvater
und eine Rabenmutter.*

Sie waren eine glückliche Familie.

Georg Bydlinski

* Wir nennen Mencheneltern, die ihre Kinder nicht lieb haben und
schlecht versorgen, »Rabeneltern«. Die wirklichen Raben sind aber
meistens sehr gute Eltern für ihre Rabenkinder.

Eine große Familie

»Ach, meine Lieben …!«
Die alte Kartoffel seufzte so tief,
dass sie gleich noch etwas schrumpliger wurde.
Sie spürte, wie ihre Kräfte sie verließen.

Was hatte sie aber auch den Sommer über
aus sich heraus und nach allen Seiten getrieben:
Wurzeln und Knollen und Knöllchen in der Erde,
Stängel und Blätter, Blüten und Früchte
hinauf in Luft und Licht.

Die Früchte waren giftig geworden, leider!
Aber hier unten war alles wohl geraten:
feste Knollen voller Gesundheit,
frisch und prall wie sie selbst,
als ein Kind sie im Frühjahr in die Erde legte.
Wie lange, lange war das nun her!

Die alte Kartoffel war längst erschöpft und hässlich.
Das Kind würde sie sicher nicht wiedererkennen.
Aber es würde staunen über ihre große Familie.
Und dann?
Was würde dann geschehen?
»Ach!«, seufzte die alte Kartoffel, »wer weiß!«
Und sie schrumpelte noch ein bisschen.
»Ich bin so müde, so müde …«

Ute Andresen

Warum die Häsin
nur drei Tage Milch gibt

Als die Wildhäsin
zum ersten Male Junge geworfen hatte,
wurde sie missmutig und ungehalten,
weil sie diese säugen sollte.

Sie schaute die kleinen Hasen an und fragte:
»Wie lange soll ich euch säugen?
Wie lange braucht ihr meine Milch –
drei Monate oder
drei Taaaaaaage?«

Die Kleinen haben gedacht,
drei Taaaaaaage
sind eine längere Zeit als
drei Monate,
und haben sofort im Chor geantwortet:
»Drei Taaaaaaage!«

Seit dieser Zeit bekommen die kleinen Hasen
nur für drei Tage nach ihrer Geburt
die Muttermilch.

Hirtenmärchen aus dem Kaukasus

Du liebe Güte!

Da ist ein Hahn,
ein kleiner Hahn, ein Hähnchen.
Das ist so leichtsinnig!
Seine Mutter muss sich immerfort sorgen.

»Du liebe Güte!«, denkt sie.
»Du liebe Güte, was kann ihm alles geschehen!
Dieses Kind passt gar nicht auf sich auf.
Es ist unvorsichtig und leichtsinnig.
Es meint, jedermann sei sein Freund.
Du liebe Güte!«

Kommt das Hähnchen und kuschelt bei ihr,
gleich fängt die Mutter an zu jammern:
»Söhnchen, bei mir bist du sicher.
Aber ach, die Welt! Sie ist voller Feinde.
Du liebe Güte!
Zum Beispiel der Fuchs, rot ist er,
hat einen buschigen Schwanz,
frisst Hähnchen für sein Leben gern!«

Jetzt ist es dem Hähnchen gar nicht mehr
gemütlich bei der Mutter.
»Ich bekomme einen roten Kamm auf dem Kopf!«,
sagt es und rennt fort zum Spielen.
Zu den Enten rennt es,
die dürfen immer ins Wasser.

Kommt es zurück zur Mutter kuscheln,
fängt sie schon wieder an:
»Söhnchen, bei mir bist du sicher.
Aber die Feinde überall, du liebe Güte!
Der Fuchs, weißt du, rot ist er und falsch.
Tut freundlich und frisst dich doch!«

»Wie ungemütlich!«, sagt das Hähnchen
und rennt zum Spielen.
Vielleicht haben die Gänse Lust, mitzutun!

Als es müde gespielt ist, kommt es kuscheln.
Und gleich fängt die Mutter an:
»Hier bei mir bist du sicher, Söhnchen.
Aber draußen schleicht der Fuchs herum
und lauert auf Hähnchen.
Du liebe Güte! Pass auf dich auf!«

Das Hähnchen sagt nichts und läuft spielen;
aber Enten und Gänse wollen nicht mitspielen.
Da geht es allein am Zaun spazieren
und schaut zwischen den Latten hindurch
nach dem Fuchs aus.
Es ist aber keiner zu sehen.
Ob es überhaupt einen Fuchs gibt?
Vielleicht hat die Mutter ihn nur erfunden,
damit das Söhnchen bei ihr bleibt.

Abends geht das Hähnchen nicht zur Mutter.
Es setzt sich zu den anderen Hühnern
im Stall auf die große Stange.
Da ist es gemütlich!
Alle gackern zugleich und erzählen vom Tage,
von Körnern und Würmern,
wer sie gefunden und wer sie gefressen hat.
Keiner jammert und warnt,
weil es Füchse gibt auf der Welt.

Das Hähnchen wird schläfrig.
Ein Auge ist ihm schon zugefallen.
Da ist ihm auf einmal so unheimlich zu Mute.

Es blinzelt mit dem einen, dem offenen Auge.
Ist da vielleicht der Fuchs?
Man kann gar nichts erkennen,
es ist so dämmrig im Stall.
Mit zwei Augen, wär da mehr zu sehen?

»Du liebe Güte!«, denkt das Hähnchen.
»Halb schlaf ich schon.
Soll ich mich sorgen?
Ich bin so müde!«
Und es macht das zweite Auge auch noch zu
und steckt den Kopf unter den Flügel.
»Seh ich den Fuchs nicht,
dann sieht er mich auch nicht!«
Damit schläft es ein.

Alle Hühner im Stall tun es ihm nach.
Und noch heute schlafen sie so:
beide Augen fest geschlossen
und den Kopf unter dem Flügel versteckt.

Du liebe Güte!

Ute Andresen

III.
KAPITEL

Es erzählt dir
von Feuer und Blitz
und Höllenglut,
von Betrug und Rache
und von der Gier
eines riesigen Drachen.

Spinne und Fliege

In alten Zeiten
gab es auf Erden nur einen König;
dem waren nicht nur die Menschen,
sondern auch alle Tiere untertan.
Damals hatte man noch kein Feuer
und musste nach Sonnenuntergang
im Dunkeln weilen und frieren.
Man wusste wohl,
dass in den Tiefen der Hölle Feuer sei,
aber niemand wagte, es von dort zu holen.

Da versprach der König:
»Wer mir das Feuer aus der Hölle herbeischafft,
soll mit seinen Kindern und Kindeskindern
für ewige Zeiten
an allen Tischen essen dürfen,
und niemand darf es ihm verwehren.«

Nun versuchten viele,
das Feuer zu erlangen und nach oben zu bringen.
Sie fanden aber alle dabei den Tod.

Zuletzt ließ sich die Spinne
an ihrem Faden hinab, und es gelang ihr,
ein Stückchen von dem Brand zu entwenden
und wieder die Oberwelt zu erreichen.
Dort schlief sie ermüdet ein.

Die Fliege aber,
durch den Brandgeruch aufmerksam geworden,
stahl der Schläferin das Feuer,
brachte es dem König
und erhielt den verheißenen Lohn.

Die Spinne suchte nach ihrem Erwachen
vergeblich das Feuer.
Niemand wollte ihr glauben,
dass sie es aus der Hölle geholt hatte,
und auch der König wies sie ab,
da sie es nicht beweisen konnte.

Zuletzt versammelte sie alle Spinnen
und forderte gemeinsame Rache:
»Mit mir seid ihr alle bestohlen und betrogen.
Wir wollen uns gemeinsam an den Fliegen rächen.«

Sie beschlossen, Netze zu spinnen,
alle Fliegen darin zu fangen
und jeder den Kopf abzubeißen.
Das tun sie bis zum heutigen Tag.
Aber die Fliegen
nehmen sich immer noch das Recht,
an allen Tischen zu speisen,
auch wenn sie niemand eingeladen hat.

Volksmärchen aus Estland

Wie das Feuer
auf die Erde kam

Im Anfang war die Welt kalt,
und die Tiere
hatten ihre Pelze und Federn sehr nötig,
um sich warm zu halten.

Da schaute der Donnergott hinunter
auf die kalte, unfreundliche Erde,
und er sah, dass es so nicht gut war.

Er schickte also einen Blitzstrahl hinab,
der setzte einen Sykomoren-Baum
auf einer kleinen Insel in Brand.
Der Stamm loderte wie eine Fackel
und alle Tiere sahen zu
und freuten sich über die helle Wärme.

Aber wie sollten sie das Feuer
von der Insel zum Festland bringen?
Sie hielten Rat,
und ein jedes von ihnen wollte helfen.

Als Erster sprach der Rabe:
»Das Beste wird sein,
ich fliege hinüber zur Insel
und bringe etwas von dem Feuer mit.«

Gesagt, getan.
Er flog hin zu der Insel und versuchte,
das Feuer zu holen,
aber zurück kam er verbrannt
und verängstigt
und ohne Feuer.
Seit diesem Tag ist der Rabe schwarz.

Die schwarze Schlange
wollte besonders schlau sein.
Sie schwamm zu der Insel,
kroch vorsichtig durch das Gras
und fand ein kleines Loch
am Fuß des Stammes.
Dort schlüpfte sie hinein und hoffte,
sie werde ein wenig Glut davontragen können.

Aber im Innern des brennenden Baumes
war es schrecklich heiß.
Die Schlange fürchtete zu ersticken.
Rasch schnellte sie wieder zu dem Loch
und schlüpfte hinaus ins Freie.

Nachdem es auch der Schlange
nicht gelungen war, das Feuer zu holen,
waren die Tiere verzweifelt.
Keines wagte sich
in die Nähe des glühenden Baumes,
und immer noch
war die Welt kalt und unfreundlich.

Da meldete sich die kleine Wasserspinne
und bat, einen Versuch wagen zu dürfen.
Sie webte eine Schüssel
und befestigte sie auf ihrem Rücken.
Sie lief über das Wasser zur Insel,
zog ein winzig kleines Stück
glühender Holzkohle aus dem Baum,
glitt eilig wieder über das Wasser
zurück zum Festland
und brachte den Tieren das Feuer.

Und wer sich heute
die Wasserspinne anschaut,
der wird auf ihrem Rücken
immer noch die Schüssel entdecken,
in der sie die Wärme
in eine kalte Welt trug.

Märchen der Cherokesen

41

Tu's nicht!

Da war einmal ein Drache.
Der lebte in einer …
Na, du kannst es dir denken:
in einer Höhle natürlich,
in einer Höhle tief drinnen im …
Du hast es dir schon gedacht:
tief drinnen im Berg.
Da lebte er, der Drache.

Und einmal hat er
in seiner Gier
so viel Lava
und glühende Steine
und Feuer
und Schwefel verschlungen –
sein Lieblingsessen,
musst du wissen –,
dass er nicht schlafen konnte,
so hat es ihn gezwackt
und gedrückt im …
Bauch!
Ja, im Bauch.
In seinem dicken, vollen Bauch.

Und da hat er –
damit ihm leichter würde
und er schlafen könnte –
da hat er einen …

Wie sag ich es bloß?
Da hat er …

Nein!
Ich kann es nicht sagen!

So was sagt man doch nicht!
Und das tut man auch nicht!
Jedenfalls nicht,
wenn man nicht allein ist.

Aber er war allein.
Und er hat es getan.

Und da gab es ein ERDBEBEN!

Ute Andresen

Die Brennnesseln

Hex! Hex! Hex!,
raschelten die Nesseln verzweifelt.
Hex! Hex! Hex!
Sie konnten gar nicht hexen,
jedenfalls hatten sie es noch nie versucht.
Aber sie mussten mit aller Kraft verhindern,
was unabwendbar schien.

In einer Mulde des Bodens unter den Nesseln
hatten zwei Vögel vor Tagen ihr Nest gebaut.
Jetzt lagen fünf Eierchen darin
und die Vogelmutter saß darauf und brütete.
Ein Kind hatte das Nest entdeckt
und streckte die Hand danach aus.
Hex! Hex! Hex!

»Au!«, schrie da das Kind.
Es hatte mit der Hand die Nesseln berührt.
Ihm war, als hätte es in Feuer gefasst.
Die Nesseln aber entdeckten,
dass ihnen in der Not eine Waffe gewachsen war:
unzählige feine, spitze Brennhaare.
Wer hatte die herausgehext?

Seither leben Vögel und Schmetterlinge,
Würmer, Schnecken und Käfer
sicher im Schutze der Brennnesseln.

Ute Andresen

IV.
KAPITEL

—— • ◆ • ——

Es erzählt dir
vom Teilen und Helfen,
von Dankbarkeit und Demut,
vom Zusammenhalten in der Not
und von Höflichkeit und feiner Sitte.

Schwester Maus!

Meine kleine Schwester teilt so gerne
alles Gute, was sie hat.
Sie sagt, ich soll dir etwas erzählen,
eine wahre Geschichte,
die Geschichte einer Maus.

In Amerika, im Lande der Indianer, am Rande der Wälder am Missouri und an den Ufern der Flüsse in der Prärie, da wächst ein seltsamer Strauch. Er wendet sich nach oben und nach unten, zum Himmel und zur Erde, dem Tageslicht und dem Nachtdunkel zu. Er hat zwei Arten von Zweigen, zwei Arten von Blüten, zwei Arten von Früchten.

Zum Licht streben Ranken mit Blättern ähnlich wie Weinlaub, mit purpurfarbigen Blütenkelchen und kleinen Schoten, in denen drei, vier oder fünf kleine Bohnen stecken.

Am Boden kriechen vom Hauptstamm aus Schlingen ganz ohne Blätter. Sie tragen winzige Blüten. Jede Blüte treibt ins Dunkel der Erde eine Schote mit nur einer einzigen großen Bohne, der Erdbohne. Sie gab dem ganzen Strauch den Namen.

Erdbohnen sind bei den Indianern dort eine sehr beliebte Speise. Sie kochen und stampfen sie und mischen den Brei mit Fleisch. Das ist ein Festessen.

Erdbohnen sind auch eine Lieblingsspeise der Wiesenmäuse. Sie tragen die Bohnen massenhaft in ihre unterirdischen Kammern, um sich im langen, frostklirrenden Präriewinter davon zu ernähren.

Die Maus hat es leicht, Erdbohnen zu sammeln, sie muss nur sehr fleißig sein. Sie huscht unter den verfilzten Ranken des Strauches hindurch, huscht hin und her, und wahrscheinlich sagt ihr die Nase, wo Erdbohnen verborgen sind. Sie gräbt sie aus und trägt sie in ihren Bau, eine nach der andern.

Wie aber sollen Menschen die Erdbohnen finden? Sie müssten die Sträucher ausreißen, um an den Boden darunter und an die verborgenen Bohnen zu gelangen.

Und so wenden die Indianer sich an ihre Schwester, die Maus. Sie suchen am Waldrand oder am Flussufer nach ihrer Wohnung, um sie aufzugraben und sich die guten Bohnen zu holen. Aber niemals nehmen sie der Maus alle Bohnen fort, obwohl sie schwach und wehrlos ist.

Sie kommen nicht als Räuber, sondern bitten die
Maus, ihnen etwas von ihren Vorräten abzugeben.
Für das, was sie ihr fortnehmen, geben sie ihr Mais,
Speck oder Fett. Und sie geben ihr ihre Achtung und
Zuneigung, ja, sie begegnen ihr mit Ehrfurcht.

Es heißt, man dürfe nur gute Gedanken denken,
wenn man sich der Wohnung der Bohnenmaus nähert,
man müsse zuvor jedes boshafte und bittere Gefühl
ablegen. Und immer solle man bedenken, was man
dem kleinen Tier schuldig ist.

Denk dir einen Indianer, der hinauswandert, wenn die
Fäden des Indianersommers über die Prärie wehen, der
sich vor dem Bau einer Maus niedersetzt und dieses
Gebet flüstert:

»Du, die du heilig bist, habe Mitleid mit mir
und hilf mir, ich bitte darum.
Du bist nur klein, aber doch groß genug,
deinen Platz in der Welt auszufüllen.
Du bist freilich schwach, doch stark genug
für deine Arbeit, denn heilige Mächte stärken dich.
Du bist auch weise, denn heilige Weisheit
ist ständig bei dir.
Möge ich immer weise sein in meinem Herzen,
denn wenn heilige Weisheit mich leitet,
dann wird sich dieses schattenverwirrte Leben
in beständiges Licht verwandeln.«

Dann beginnt er zu graben.

Meine kleine Schwester teilt so gerne
alles Gute, was sie hat.
Sie sagt, sie sei froh,
dass du nun diese Geschichte kennst.
Du sollst sie nie mehr vergessen.
Mein kleiner Bruder nickt dazu.

Nach Werner Müller

Perlen für die Hühner

Eine Kuh graste im Feld. Sie hatte ihr Kälbchen bei sich. Es war sehr heiß, und das Kälbchen stellte sich in den Schatten der Mutter, um es dort etwas kühler zu haben. So konnte die Kuh auch mit einem einzigen Schlag ihres Schwanzes die Fliegen von beiden abwehren.

Eine Schar blauer Hühner spazierte in der Nähe herum, um sich zu sonnen. Sie begrüßten die Kuh und fragten, wie es ihr ginge und ob in der Nachbarschaft etwas Neues passiert sei. Man schwatzte.

Plötzlich hörten sie ein unerklärliches Geräusch. Die Hühner wunderten sich, flatterten auf und machten ein Geschrei. Das ist so ihre Gewohnheit.
Die Kuh hob den Kopf und sah sich um.
Sie konnte aber nichts entdecken.

Nach einer Weile war das Geräusch wieder zu hören.
Näher! – Und nun sahen sie den Löwen.
Er stand gerade vor ihnen.

Der Löwe liebte aber Kuhfleisch über alles. Darum
schüttelte er die Mähne und dachte bei sich:
»Ich fang die alte Kuh und fresse sie auf. Das Kalb aber
bringe ich meinen Kindern mit.«
Also ging er auf die Kuh los.

Die Hühner liefen hierhin und dorthin und überall
herum, aber die Kuh wusste wohl, dass sie der Gefahr
ins Auge sehen musste. Also senkte sie den Kopf und
furchte den Sand mit ihren Hörnern.

Der Löwe schlich hier herum, der Löwe schlich da
herum und suchte, von wo er wohl sich auf die Kuh
stürzen könnte.

Ringsherum schlich er, aber überall, überall starrten
ihm die Hörner der Kuh entgegen.

Sie pflügte die Erde, zeigte das Weiße ihrer Augen und
brummte vor sich hin.

Als dies nun eine Weile gedauert hatte und die
Hühner sahen, dass die Kuh sich gar nicht so sehr
fürchtete, wurden auch sie mutig.

Im Nu schlug eins die Flügel zusammen und lief
zwischen den Löwen und die Kuh.

Dann bückte es sich, warf Staub in die Höhe und lief
fort.

Danach lief ein zweites dazwischen und warf auch
Staub auf.

Dann ein drittes,

und wieder eins,

und wieder eins,

und bis sie alle dran gewesen waren, war der Löwe so
blind, dass er nicht mehr die Tatze vor den Augen
sehen konnte.

Das erfüllte ihn mit Wut und er sprang auf die Kuh
los. Die spießte ihn mit ihren Hörnern auf und zerriss
ihn.

Als der Löwe tot war, rief die Kuh die Hühner und
sagte:

»Ihr habt mir aus der Not geholfen. Was kann ich für
euch tun?«

Die Hühner meinten:

»Wir haben alle unsern Spaß gehabt, und es ist uns
nichts Übles widerfahren.«

Doch die Kuh fragte sie immer wieder, was sie wohl
haben wollten. Endlich sagten sie:

»Es gibt schon etwas, was wir gerne haben möchten,
aber das kannst du uns wohl nicht geben.«

»So«, sagte die Kuh.

Sie rief ihr Kälbchen und kaute ihm etwas vor, als sei den ganzen Tag nichts weiter geschehen. Sie wartete.

Die Hühner hielten miteinander eine große Beratung ab. Dann schickten sie ein Huhn zur Kuh, das sollte den Wunsch vorbringen. Es knickste und sagte:
»Wir sehen blau aus in der Sonne und blau im Schatten. Nirgendwo können wir uns verbergen. Kannst du machen, dass man uns nicht schon aus der Ferne erkennt?«

Die Kuh kaute nachdenklich, schloss die Augen und überlegte, kaute wieder und überlegte, überlegte und kaute und dann sagte sie:
»Geh, hol mir einen Eimer!«
Das Huhn lachte:
»Liebste Kuh, was um Himmels
willen willst du mit einem Eimer?«

Dann lief das Huhn fort und kam nach einer Weile mit einem Eimer wieder. Die Kuh stellte sich darüber und ließ Milch hineinfließen, bis er ziemlich voll war.

Sie setzte alle Hühner in eine Reihe, tauchte ihren Schwanz in die Milch und besprengte das erste Huhn von oben bis unten.
Dabei sang sie:

»Tropfen im Blau,
Perlen im Grau,
im Schatten, im Licht –
du siehst sie nicht.«

Dann kam das zweite Huhn an die Reihe, wurde besprengt. Und wieder sang die Kuh.

So eins nach dem andern. Und als alle fertig waren, war der Eimer leer. Die Hühner setzten sich in die Sonne, ließen die Tropfen trocknen und sind seither gefleckte – Perlhühner.

Märchen der Schwarzen in Nordamerika

Die Stachelschweine

Eine Gesellschaft Stachelschweine
drängte sich
an einem kalten Wintertage
recht nah zusammen,
um durch die gegenseitige Wärme
sich vor dem Erfrieren zu schützen.

Jedoch bald empfanden sie
die gegenseitigen Stacheln,
welches sie dann
wieder voneinander entfernte.

Wenn nun
das Bedürfnis der Erwärmung
sie wieder näher zusammenbrachte,
wiederholte sich jenes zweite Übel;
so dass sie zwischen beiden Leiden
hin und her geworfen wurden,
bis sie
eine mäßige Entfernung voneinander
herausgefunden hatten,
in der sie es
am besten aushalten konnten.

Und diese Entfernung
nannten sie Höflichkeit
und feine Sitte.

Arthur Schopenhauer

Verschiedenes Bedürfen

Man erzählt,
ein Hund und ein Pferd
waren befreundet.

Der Hund sparte dem Pferd
die besten Knochen auf,
und das Pferd legte dem Hund
die duftigsten Heubündel vor.

Und so wollte jeder
dem anderen das Liebste tun,
und so wurde keiner von beiden satt.

Ernst Bloch

Hirtentäschel

Wer Geduld hat
und die Vögel liebt,
dem vertrauen sie.
Franz liebte sie sehr.

Früh am Morgen
gab ihm die Mutter
das Brot für den Tag
in eine kleine Tasche aus Leder.
Er nahm seinen Hütestab,
rief den Hund
und trieb mit ihm zusammen
die Schafe auf die Weide.

Wenn er zu Mittag
sein Brot gegessen hatte,
schüttete er die Krumen
aus der Tasche in die hohle Hand.
Er streckte sie aus
und lud seine gefiederten Freunde ein,
bei ihm zu Gast zu sein.
Sie flatterten herbei
und pickten die Krumen auf.

Als er zum letzten Mal
mit den Schafen draußen war,
vergaß er seine Tasche.
Nun musste er in die Schule gehen,
und er war traurig.

Im nächsten Jahr in den Ferien
fand Franz dort,
wo er sonst sein Brot gegessen
und die Vögel bewirtet hatte,
eine unscheinbare Pflanze.
An ihrem langen Stängel
trug sie lauter kleine Täschchen.

Heute wächst diese Pflanze
auch an anderen Orten.
Und überall lieben die Vögel
die winzigen Bissen,
die in den Täschelchen
für sie aufbewahrt sind.

Auch an deinen Wegen
findest du das Hirtentäschel.

Ute Andresen

V.
KAPITEL

*Es erzählt dir
von List und Verstellung,
von Wut und Scham,
von argloser Dummheit
und von Unermüdlichkeit.*

Wer zuletzt kaut

Der 🐘 und die 🐐 stritten einmal,
wer von beiden am meisten essen könne.
Sie gaben die Sache dem Löwen zur Entscheidung
und dieser sagte:

»Kommt mit mir in den Wald. Da mögt ihr
um die Wette grasen, der 🐘 zu meiner Rechten,
die 🐐 zu meiner Linken.
Hernach will ich mein Urteil fällen.«

Die Tiere gehorchten.
Der 🐘 knickte mit seinem Rüssel die stärksten
Bäume und fraß die Blätter ab, wobei er laut lachte
und über die kleine 🐐 spottete.
Die aber graste unverdrossen weiter und sagte:
»Wir wollen schon sehen, wer am meisten isst.«

Am Nachmittag, zwei Stunden vor Sonnenuntergang, ging der Löwe mit den beiden auf ein Grasfeld und gebot ihnen, dort weiter zu grasen. So fingen sie denn von neuem an.

Als aber die Sonne unterging, sprach der 🐘
»Ich dächte, wir gingen ein wenig zur Ruhe!«
»Ei was!«, rief die 🐐
»Ich habe noch lange nicht genug. Lass uns bis Mitternacht grasen.«

Die Mitternacht kam endlich heran, und der müde Löwe sagte:
»Kommt jetzt mit mir auf jenen Felsen! Da wollen wir die Glieder strecken und uns ausruhen.«

Alle drei legten sich nun auf dem weiten, nackten Felsen nieder, auf dem kein grünes Hälmchen wuchs.

Der 🐘 hatte es sich bequem gemacht. Bald war er eingeschlafen, und auch der Löwe schlief. Die 🐐 aber fing an wiederzukäuen; das gab ein vernehmliches Geräusch.

Der Löwe erwachte:
»Was machst du da?«, fragte er.
»Ich esse«, war die Antwort, »ich bin noch nicht satt.«

»Aber was isst du denn?«, fiel der 🐘 ein, der gleichfalls wach geworden war.

»Ich esse den Felsen«, entgegnete die 🦌.
»Grünes gibt es hier ja nicht. Wenn ich damit fertig bin, kommst du an die Reihe.«

Da fällte der Löwe das Urteil und sprach:

»Fortan soll die 🦌 unter den Menschen wohnen. Denn da sie allein nicht satt werden kann, so mögen ihr die Menschen dazu behilflich sein.

Der 🐘 aber soll im Walde bleiben und nie unter gesittetem Volk wohnen.

Nimm dich auch vor der 🦌 in Acht!
Sie, die vom Felsen gegessen hat, wird auch gewiss dich noch vertilgen.«

Da floh der 🐘 in den Wald und begab sich zum Leoparden.
»Leopard!«, sprach er zu ihm.
»Ich gebe die 🐐 in deine Gewalt. Fange sie ein und töte sie. Wenn sie mich findet, wird sie mich sicherlich fressen! Darum tu, was du kannst, und schaff sie mir vom Halse!«

Dem Leoparden war das nur recht. Er spürte schon lange so einen besonderen Appetit, wenn er die witterte.

Seit der Zeit streift der im Walde umher, die aber lebt bei den Menschen, und der Leopard stellt ihr nach.

Märchen aus Sierra Leone

Der Fuchs und die Gänse

Der Fuchs kam einmal auf die Wiese,
wo eine Herde schöner, fetter Gänse saß.
Da lachte er und sprach:
»Ich komme ja wie gerufen!
Ihr sitzt hübsch beisammen,
so kann ich eine nach der andern auffressen.«

Die Gänse krakeelten vor Schrecken,
sprangen auf, fingen an zu jammern
und kläglich um ihr Leben zu bitten.
Der Fuchs aber wollte nichts hören und sprach:
»Da ist keine Gnade, ihr müsst sterben!«

Endlich fasste eine Gans Mut und sagte:
»Sollen wir armen Gänse doch nun
unser junges, frisches Leben lassen,
so zeige uns die einzige Gnade
und erlaube uns noch ein Gebet,
damit wir nicht in unseren Sünden sterben.
Hernach wollen wir uns
auch gerne in eine Reihe stellen,
damit du dir eine nach der andern und
immer die fetteste von uns aussuchen kannst.«

Der Fuchs war es zufrieden. Er sagte:
»Das ist billig und ist eine fromme Bitte.
Betet, ich will so lange warten.«

Also fing die erste ein langes Gebet an,
das ging immer so: »Ga! Ga!«

Und weil sie gar nicht aufhören wollte,
wartete die zweite nicht,
bis die Reihe an sie kam,
sondern fing auch an: »Ga! Ga!«

Die dritte folgte ihr: »Ga! Ga!«

Dann begann die vierte: »Ga! Ga!«

Und bald schnatterten alle zusammen.

Und wenn sie ausgebetet haben,
soll das Märchen weitererzählt werden.
Sie beten aber alleweil noch immer fort.

Brüder Grimm

Der Tanz der Wölfe

Sieben Wölfe fingen einmal ein Murmeltier und
sagten:
»Wir werden dich jetzt töten, denn dann haben wir
etwas Gutes zu essen.«

Das Murmeltier hatte aber einen Einwand:
»Wartet ein Weilchen! Wenn man gut Beute gemacht
hat, muss man feiern. Wenn ihr tanzen wollt, werde
ich euch dazu singen.«
»Was sollen wir tanzen?«, fragten die Wölfe.

»Ich weiß einen ganz neuen Tanz, und der geht so:

Ich lehne mich abwechselnd
gegen einen von sieben Bäumen.
Ihr tanzt von mir fort,
und auf ein Zeichen tanzt ihr zurück.
Bei der letzten Wendung,
beim siebten Baum,
dürft ihr mich töten.«

Die Wölfe waren sehr hungrig, wünschten sich aber
doch, den neuen Tanz zu lernen, und befahlen,
anzufangen mit dem Lied.

Das Murmeltier lehnte sich an einen Baum und sang:
»Ha, wie schön, wie schön!«

Und alle sieben Wölfe tanzten von ihm weg,
bis es das Zeichen »Hu!« gab.
Da kehrten sie um und tanzten in einer Reihe zurück.
»Das war hübsch!«, sagte das Murmeltier.

Es ging zum nächsten Baum und sang wieder:
»Ha, wie schön, wie schön!«
Die sieben Wölfe tanzten fort,
kehrten beim Zeichen um und kamen zurückgetanzt.
»Das war sehr hübsch!«, sagte das Murmeltier.

Es ging wieder zum nächsten Baum und sang das Lied
zum dritten Mal:
»Ha, wie schön, wie schön!«
Die Wölfe tanzten, so gut sie konnten.
Das Murmeltier lobte sie aber auch jedes Mal
und ermutigte sie, immer noch schöner und weiter
weg zu tanzen.

Von Strophe zu Strophe nahm es einen anderen
Baum, um sich anzulehnen. Jeder stand ein bisschen
näher bei dem Baumstumpf, unter dem seine Höhle
verborgen war.

Bevor es das siebte Lied begann, sagte es:
»Dies wird der letzte Tanz sein. Sobald ich ›Hu!‹ rufe,
könnt ihr umkehren und rennen.
Wer mich greift, mag mich behalten.
Es wird mein Ende sein. Wir haben es schön gefeiert.«

Dann lehnte es sich an den siebten Baum und sang:
»Ha, wie schön, wie schön!«
Und sang so lange immer wieder dasselbe, bis die
Wölfe weit weg getanzt waren.

Dann gab es das Zeichen »Hu!« und tat einen großen
Sprung zu seiner Höhle hin.

Die Wölfe machten kehrt und setzten ihm nach, doch schon hatte es seine Höhle erreicht und schlüpfte hinein.

Aber gerade da,
als es schon fast in Sicherheit war
und eben wieder singen wollte,
erhaschte der erste Wolf
das Murmeltier beim Schwanz
und packte so heftig zu,
dass der Schwanz abriss.

Und seitdem ist der Schwanz des Murmeltieres kurz.

Kreolenmärchen aus Louisiana

Die Schildkröte schämt sich

In den alten Zeiten
konnte die Schildkröte pfeifen,
das Rebhuhn aber nicht.
Die Schildkröte ging pfeifend umher
und zeigte ihre Pfeife den andern Tieren,
bis das Rebhuhn eifersüchtig wurde
und sie eines Tages bat,
sie möge ihr doch erlauben,
auch einmal auf der Pfeife zu blasen.

Die Schildkröte scheute sich anfangs,
dem Rebhuhn die kostbare Pfeife zu geben,
denn sie argwöhnte irgendeinen Streich.
Aber das Rebhuhn bat:
»Bitte borge sie mir doch einmal!
Ich werde sie dir gleich zurückgeben.
Wenn du Angst hast und mir nicht traust,
so kannst du ja in der Nähe bleiben,
während ich auf der Pfeife übe.«

So ließ die Schildkröte ihm die Pfeife
und das Rebhuhn lief umher
und pfiff sehr schön darauf.

»Wie hört sich's bei mir an?«,
fragte das Rebhuhn selbstgefällig.
»Oh, du machst es schon sehr gut«,
sagte die Schildkröte, die an ihrer Seite ging.

»Und wie gefällt es dir nun?«,
fragte das Rebhuhn, indem es vorauslief
und ein wenig schneller pfiff.
»Das ist schön«, sagte die Schildkröte
und eilte, um gleichen Schritt zu halten,
»aber lauf nicht so schnell!«

»Und wie gefällt dir dies?«,
fragte das Rebhuhn voller Eifer.
Dabei breitete es die Flügel aus
und gab einen langen Pfiff von sich,
flog auf die Spitze eines Baumes
und ließ die arme Schildkröte unten zurück.
Diese erhielt ihre Pfeife niemals wieder.
Und sie schämt sich noch heute
und verkriecht sich,
sobald jemand in ihre Nähe kommt.

Märchen der Cherokesen

VI.
KAPITEL

Es erzählt dir
vom Warten und Hoffen,
vom Zusammensein und Alleinbleiben,
von unstillbarer Sehnsucht
und von Liebe und Treue.

Die endlose Geschichte vom Storch und von der Rohrdommel

In einem großen Sumpf
lebten ein Storch und eine Rohrdommel.
Sie hatten sich, jeder für sich,
an dem einen und an dem andern Ende
des Sumpfes ein Hüttchen gebaut.

Mit der Zeit ward's dem Storch langweilig,
so allein für sich zu leben;
er gedachte zu heiraten.
»Ich will doch gehen
und um die Rohrdommel anhalten.«
Der Storch ging los, patsch, patsch …
Sieben Meilen marschierte er
durch den Sumpf.

Endlich kommt er an, fragt:
»Ist die Dommel zu Hause?«
»Zu Hause!«
»Komm, werde meine Frau!«
»Nein, Storch, ich will nicht deine Frau werden:
Du hast zu lange Beine
und einen zu kurzen Rock;

du fliegst auch schlecht
und kannst mich nicht ernähren.
Zieh ab, Langbeiner!«
Der Storch, der arme Schlucker, muss abziehen.

Nachher überlegt sich's die Rohrdommel
und sagt so für sich:
»Was soll ich da allein leben;
ist doch besser, wenn ich den Storch heirate.«

Sie kommt also zum Storch und spricht:
»Lieber Storch, nimm mich zur Frau!«
»Nein, Dommel, ich brauch dich nicht!
Ich will gar nicht heiraten,
ich nehm dich auch nicht zur Frau.
Schau, dass du weiterkommst!«
Die Dommel begann vor Scham zu weinen
und ging nach Hause.

Nun überlegte sich's der Storch
und sagte bei sich:
»Schade, dass ich die Dommel
nicht zur Frau genommen hab!

So allein ist's doch recht langweilig,
ich will gleich gehen und sie zur Frau nehmen.«

Er kommt zu ihr und sagt:
»Liebe Dommel, ich habe mir's überlegt:
Ich will dich heiraten. Werde meine Frau!«
»Nein, Storch, ich will nicht deine Frau werden.«
Also wanderte der Storch wieder nach Hause.

Doch halt,
jetzt überlegte sich's die Dommel doch:
»Warum hab ich ihn eigentlich abgewiesen?
Wozu soll ich so allein leben?
Besser, ich heirate doch den Storch …«

Sie kommt zum Storch
und bietet ihm ihre Hand an,
aber der Storch will nicht.

Und so gehen und kommen sie,
einer um den andern zu werben,
kommen aber doch nie zum Heiraten.

Russisches Volksmärchen

Wegwarte wartet am Wege

Es war einmal
ein Mädchen
mit blauen Augen,
blau wie der Himmel
an einem Sommertag.
Und so schön
waren diese Augen,
dass jeder junge Mann,
den sie anblickten,
sich niedersetzte
und nicht mehr
fort wollte.

Das Mädchen war
freundlich zu allen.
Es hörte an,
was sie erzählten
vom Leben draußen
in der Welt.
Dann versank es
in Gedanken.
Es half im Haus, bestellte den Garten
und versorgte das Federvieh im Hof.

War diese Arbeit getan,
so setzte es sich zum Fenster und nähte.
Das Fenster ging auf einen Weg
und der Weg ging weit ins Land.

Hin und wieder hob das Mädchen den Blick
und schaute lange hinaus, als wartete es.

Dann seufzte es ein wenig,
senkte die Augen auf seine Arbeit
und fuhr fort zu nähen.

Ein Stück Wäsche nach dem andern
wurde fertig und in eine Truhe gelegt.
Die war nun eines Tages voll
und das Mädchen war herangewachsen
und bald eine junge Frau.

»Jetzt wird er kommen!«, sagte die Mutter,
wenn sie zum Fenster hinausschauten.
»Ja, das hat er versprochen!«, sagte das Mädchen.
»Wenn ich erwachsen bin,
dann kommt er zurück, für immer!«

Aber der Mann, den sie liebte,
der sie über die Wiesen getragen
und in die Luft geworfen
und immer wieder sicher aufgefangen hatte –
kam nicht.
Den ganzen Winter lang
stand sie am Fenster und wartete vergeblich.

Und als dann der Frühling vergangen
und es längst schon Sommer war,
meinte sie, sie müsste ihm entgegengehen
und am Wege auf ihn warten.
Vater und Mutter baten:
»Nimm einen anderen zum Mann!«
Aber sie schüttelte den Kopf:
»Eher will ich hier Wurzeln schlagen!«

Und so steht sie noch heute am Wege.
Tief im Boden klammert sie sich fest.
Ihr Blätterkleid ist armselig und fast grau.
Aber das Blau ihrer Augen strahlt
wie der Himmel an einem Sommertag.

Ute Andresen

Philemon und Baucis

In jenen frühen Tagen, als die Götter Griechenlands
noch dann und wann in Menschengestalt
auf Erden erschienen, wanderten zwei Männer
im Lande Phrygien von Tür zu Tür.

Sie klopften an und baten um ein Obdach
für die Nacht und ein einfaches Mahl,
denn sie waren müde und hungrig.

Überall wurden sie abgewiesen.

Da kamen sie an ein kleines Haus,
darin lebten ein Mann und eine Frau,
Philemon und Baucis, ehelich beisammen.
In früher Jugend hatten sie sich verbunden und
immer in Liebe und Treue aneinander festgehalten.
Nun waren sie alt.

Sie öffneten den Wanderern ihr bescheidenes Haus,
ließen sie eintreten und sich niedersetzen
und halfen ihnen, den Staub der Wanderung
von den Füßen zu waschen.

Dann bereiteten Philemon und Baucis den Gästen
ein Mahl, so gut es ihre Armut erlaubte.
Sie stellten Brot und Käse auf den Tisch,
später noch Feigen, Trauben und Nüsse.

Baucis bat die Gäste freundlich,
kräftig zuzulangen und es sich schmecken zu lassen.
Das taten sie und genossen alles,
was ihnen die beiden Alten so herzlich gönnten.

Philemon hatte einen Krug Wein geholt
und schenkte den Gästen ein.
Kaum hatten sie ausgetrunken,
goss er von neuem die Becher voll.
Beim dritten Mal spürte er, dass der Krug
nicht leichter wurde, und sah hinein.
Er war bis zum Rande mit frischem Wein gefüllt.

Da erkannten die beiden Alten, wer ihre Gäste waren:
der Göttervater Zeus und Hermes, sein Sohn.
Sie waren auf die Erde gekommen,
um die Gastfreundschaft der Menschen
auf die Probe zu stellen.
Von allen, bei denen sie angeklopft hatten,
waren nur diese beiden, Philemon und Baucis,
den Fremden freundlich und gastfrei begegnet.
Zeus erlaubte ihnen, sich etwas von ihm zu wünschen,
und die beiden Alten waren sich rasch einig.

»Wir haben nun unser ganzes, langes Leben
zusammen verbracht und alle Liebe und alle Not,
alle Freude und alles Leid miteinander geteilt.

Gönne du uns die Gnade, auch miteinander
in derselben Stunde aus dem Leben zu scheiden,
damit nicht einer allein
am Grabe des anderen weinen muss.«

Und Zeus gab ihnen, worum sie gebeten hatten.
Jahre später, als Philemon und Baucis am Ende
ihrer Kräfte waren und sich nach Ruhe sehnten,
durften sie gemeinsam sterben.

Aber wie sie ihr menschlicher Atem verließ,
verwandelten sie sich in zwei Bäume,
Philemon in eine Eiche, Baucis in eine Linde.

Mehr als tausend Jahre
standen sie dort in Phrygien nahe beisammen,
ein Sinnbild der Treue und bereit,
jeden müden Wanderer
in ihrem freundlichen Schatten zu erquicken.

Nach Ovid

Narcissus und Echo

Vor sehr langer Zeit lebte in Griechenland
ein Jüngling mit Namen Narcissus.
Ihm war geweissagt, dass er lange leben sollte,
wenn er sich selber fremd bliebe.
Narcissus war so schön und anmutig,
dass jeder, der ihn sah,
jedes Mädchen und jeder Jüngling,
ihn lieben musste.
Narcissus aber erwiderte keine Liebe.

Einmal jagte Narcissus im Walde
flüchtenden Hirschen nach
und verlor seine Kameraden.
Da sah ihn Echo, die geschwätzige Nymphe.
Ihr war als Strafe auferlegt worden,
niemals mit eigenen Worten zu sprechen.
Sie wiederholte nur, was sie eben gehört hatte.
Echo liebte Narcisssus, sowie sie ihn erblickte,
und folgte ihm nach.

Narcissus suchte und rief seine Kameraden:
»Ist jemand mir nah?«
»Mir nah?«, erwiderte Echo.
»So komm doch!«, bat darauf Narcissus.
»Komm doch!«, so tönte es wider.
»Warum denn meidest du mich?«, fragte Narcissus.
»Meidest du mich?«, kam seine Frage zurück.

»Komm doch!«, lockte Narcissus den Freund.
»Komm, wir wollen hier uns vereinigen!«
»Hier uns vereinigen!«, klang es nun freudig
aus dem Wald und Echo trat heraus
und wollte ihn in Liebe umarmen.
Er aber stieß sie zurück und floh.
Die Verschmähte versteckte sich im Wald
und hauste verborgen in Höhlen.
Scham und vergebliche Sehnsucht verzehrten sie.
Niemand sah sie mehr, doch alle können sie hören.
Ihre Stimme ist für immer lebendig geblieben.

Und da war ein Jüngling,
der wie Echo von Narcissus verschmäht wurde.
Dieser flehte verzweifelt zum Himmel:
»Möge Narcissus einmal nur selbst so lieben,
doch nie das Geliebte besitzen!«
Und eine Göttin erhörte sein Flehen.
Bald darauf kam Narcissus an einen Quell,
dessen silberglänzendes Wasser
noch niemals getrübt worden war.
Er beugte sich hinab, um zu trinken.
Da erblickte er einen Jüngling,
so schön und anmutig, dass er ihn lieben musste.
Reglos staunte er an, was er sah.
Alles bewunderte Narcissus nun,
was die andern an ihm bewundert hatten.

Er sah ihn lachen, wenn er selber lachte.
Er sah ihn nicken, wenn er selber nickte.
Er sah ihn sprechen, wenn er selber sprach.
Aber er konnte ihn nicht hören,
und immer wieder vergeblich
streckte er die Arme nach ihm aus.
»Wenn ich dich fasse, wo schwindest du hin?«,
rief Narcissus voll Sehnsucht.
Niemand antwortete ihm.
Er aber konnte sich von dem Bild
des Jünglings im Wasser nicht losreißen.
Er erlitt unendlichen Jammer,
und in der Qual der vergeblichen Liebe
schwand seine Kraft und Schönheit dahin.

»Weh mir!«, rief der unselige Knabe. »Wehe!«
»Wehe!« tönte es von Echo.
»Geliebter Knabe, leb wohl!«, klagte Narcissus.
»Leb wohl!«, erwiderte Echo.
Müde sank sein Haupt ins Gras,
der Tod schloss ihm die Augen.

Als man ihn begraben wollte,
war sein Leib verschwunden.
An seiner Stelle fand man eine Blume,
die seither seinen Namen trägt: die Narzisse.

Nach Ovid

VII.
KAPITEL

Es erzählt dir
von Stacheln und Dornen,
von Gestank und Gift,
vom Necken und Ärgern,
von Wehrlosigkeit
und dem Schutz des Zarten.

Das Stinktier stinkt – und wie!

Das Stinktier stank nicht von Anfang an,
aber es stänkerte alle Tage herum.
Es war falsch, feige und diebisch
und eine Schande für seine Familie.

Sein großer Bruder, der Panther,
suchte sich ebenbürtige Beute.
Das Stinktier jedoch –
das damals noch nicht so hieß –
fing Feldmäuse und Heuschrecken
und raubte Nester aus.
Nicht einmal Eichhörnchen und Maulwürfe
hatten Angst vor ihm.
Sie verachteten das Stinktier.
Aber es machte sich nichts daraus.

Es verhöhnte und beleidigte alle Tiere,
hockte am liebsten in einem Versteck
und stänkerte jeden an, der vorüberkam.
Selbst dem mächtigen grauen Wolf,
der alle anderen Tiere beherrschte,
zeigte es nicht den mindesten Respekt.

Da rief der graue Wolf
alle Tiere in eine Versammlung,
um sie gegen das Stinktier aufzuhetzen.
»Es ist nicht auszuhalten!«, sagte er.
»Wir müssen uns das doch nicht
einfach gefallen lassen!«, brüllte er.
»Wir wollen das Luder unschädlich machen!«,
heulte er und fletschte die Zähne.
Und alle, alle Tiere riefen mordlustig:
»Töte es! Töte es!«

Nur der Panther blieb still.
Er wollte seinen Bruder nicht verraten.
Und auch der schwarze Wolf schwieg.

Als nun der graue Wolf das Stinktier –
das nicht so hieß und auch nicht stank –,
als er es nun vernichten wollte,
warf es sich voller Reue zu Boden
und flehte um sein Leben.

»Verschone mich!«, winselte es.
»Ich will euch nicht mehr ärgern!
Ganz gewiss nicht!«

Der graue Wolf wollte gerne
ein gewaltiger Herrscher sein,
er wollte aber auch gütig sein.
Und so tötete er das Biest nicht.

Er spaltete ihm die Klauen,
kürzte seine Zähne und ließ es schrumpfen,
bis es kaum größer als ein Eichhörnchen war.
Dann drehte er sich um
und strafte es mit Verachtung.

Nach einer Weile näherte sich der schwarze
Wolf dem Stinktier und schmeichelte:
»Mach dir nichts draus!
Ich gebe dir etwas, womit du den grauen
Angeber zur Verzweiflung treiben kannst.«

Das Stinktier –
du weißt schon, noch hieß es nicht so –
richtete mutlos den Kopf auf und seufzte:
»Was kannst du schon für mich tun?
Meine Kraft ist dahin.
Meine Klauen sind wie Gras
und meine Zähne harmlos wie Weidenzweige.«

»Gib Acht!«, erwiderte der schwarze Wolf.

Dann nahm er ein Ei
aus einem lange verlassenen Vogelnest,
tat den Schweiß seines eigenen Körpers hinein,
den Atem des Aasgeiers, den Wind,
der über ein Schlachtfeld geweht war,
und ein wenig Wasser aus einem Pfuhl,
einem grünschlammigen Pfuhl.
All das
rührte er in dem Ei kräftig durcheinander.

Er schnupperte daran,
verzog das Gesicht zu einer Grimasse
und schüttelte sich.

Er gab das Ei dem Stinktier und sprach:
»Es ist wunderbar gelungen!
Trage das Ei stets bei dir
und nutze es im rechten Augenblick, dann
wirst du alle deine Widersacher besiegen.«

Das Stinktier grauste sich gar nicht.
Es nahm das Geschenk und hatte große Lust,
sogleich zu erleben, wie es wirkte.

Es spritzte ein wenig,
auf seinen Wohltäter –
u n d e s s t a n k !
Es stank so grauslich,
dass der schwarze Wolf
fortrannte, so schnell
und so weit es nur ging.

Seit dieser Zeit trägt das Stinktier
seinen Namen zu Recht. Und es ist mehr
als jemals zuvor der Schrecken aller Tiere
und eine Schande für seine Familie.

Märchen der Indianer

Der Rosenelf

Inmitten eines Gartens wuchs ein
Rosenstrauch,
der war ganz voller Rosen,
und in einer davon, der schönsten von allen,
wohnte ein Elf.

Er war so winzig klein,
dass kein menschliches Auge ihn sehen konnte.
Hinter jedem Blatt in der Rose
hatte er ein Schlafgemach.
Er war so wohlgestaltet und hübsch,
wie ein Kind nur sein konnte,
und hatte Flügel an den Schultern,
hinab bis zu den Füßen.

Oh, es war ein Duft in seinen Zimmern,
und wie hell und schön waren die Wände!
Sie waren ja die feinen hellrosa Rosenblätter.*

Hans Christian Andersen

* Jetzt ahnst du wohl auch, zu wessen Schutz
der Rosenstrauch so viele Dornen hat.

Wie die Igel
Stacheln kriegten

In den alten Zeiten trugen die Igel keine Stacheln,
sondern seidenweiches Haar, so mollig und lang wie
die Angorakarnickel heutzutage. Ich will dir erzählen,
wie sie zu den steifen Stacheln kamen. Soll ich?

Da war ein Swinegel, hieß Schnauf, der wollte gern
heiraten. Wusste auch wohl, wen. Da war nämlich ein
Igelfräulein, hieß Schnief. Und sie passten gut
zusammen, denn vom spitzen Schnäuzlein bis zum
Stummelschwänzchen glichen sich beide aufs Haar:

Augen gleich klein,
Nasen gleich fein,
Zähnchen gleich spitz,
Köpfchen voll Witz,
Beinchen gleich schief
bei Schnauf und bei Schnief.

Weil aber der Schnauf so gerne Mäuse fraß, konnte
er sich wohl denken, dass auch Schnief nichts gegen
Mäusebraten haben würde. Er lauerte vor einem Loche,
bis er ein Mäuslein erwischt hatte. Das gedachte er
seiner Schnief mitzubringen als Brautgeschenk.
Gerade wollte er mit seiner Beute abziehen, da hörte er
ein Zischen. Da lag die Kreuzotter um einen Stein gerollt
in der blanken Sonne, die böse Kreuzotter, der kein Tier
über den Weg traut, einmal ihrer giftigen Zähne wegen
und zweitens, weil alle sagen, dass sie hexen könne,
wenn sie ihren richtigen Tag hat.
»Du, das war meine Maus!«, wispelte die Otter.
»Gib sie her, die wollte ich fangen.«
»Hier gilt kein Wollen, hier gilt bloß Haben!«,
erwiderte Schnauf und setzte sich auf seine Maus.
»Sei nicht so dreist, Igel Langhaar, sonst beiß ich dich
und mach dich stumm und steif!«, sagte das böse
Geschöpf und schaute meinen lieben Igel mit eiskalten
Augen an, dass ihn fast schauderte. Aber bange war er
nicht.

»Komm nur heran, du fußloser Schuppenwurm!«, rief Schnauf, »so wirst du fühlen, wie meine spitzen Zähne deine Knochen besuchen.«

Nun kann eine Schlange dreierlei nicht vertragen: Erstens mag sie nicht daran erinnert werden, dass sie keine Füße hat, zweitens ärgert sie sich sehr, wenn man sie den Würmern gleichstellt, drittens aber ist sie schrecklich neidisch auf alle, die weiches Haar und Federn tragen. Denn all ihre Hexenkunst kann ihr selber nicht dazu verhelfen.

Darum zischelte sie voll Wut und Bosheit:

> *Steifes, hartes Stachelkleid*
> *wünsch ich dir für alle Zeit.*
> *Dir und allen deinesgleichen*
> *soll nie mehr das Fell erweichen!«*

O weh! Kaum hatte die Schlange diesen Zauber gezischelt, da knackte und zog es dem Igel durch Haut und Haar. Und die weichen Locken streckten sich, standen steif hin und wandelten ihre Farbe in ein hässliches Braun.

Da weinte mein armes Igelchen bitterlich und lief hin zu seiner Braut, um bei ihr Trost zu suchen. Aber ach! Die war just so jämmerlich verwandelt, und sie sahen einander traurig an und schnauften und schnieften, dass es einen Stein hätte erbarmen können.

»Ach, liebe Schnief!«, klagte Schnauf, »ich bin schuld.
Was musste ich auch die giftige Hexe reizen!«
»Mein lieber Schnauf!«, sagte Schnief, »die meiste
Schuld habe ich! Hättest du mir die Maus nicht
schenken wollen, so wäre nichts geschehen!«
Da rieben die beiden ihre Näschen aneinander und
versprachen, treu zusammenzuhalten in ihrem Elend.
Weil sie aber so tief in Kummer versunken waren,
so merkten sie nicht, wie einer durch die Büsche
geschlichen kam, der trug einen roten Pelz und hatte
die Nase am Boden und den buschigen Schwanz wie
eine Fahne in der Luft.
»Hier riecht's nach Igel!«, brummelte der Fuchs.
Und ohne recht hinzuschauen, patschte er mit der
Pfote hin, wo sich das Gras bewegte.
Dem Schnauf und der Schnief fuhr ein gewaltiger
Schreck durch die Glieder und es sträubten sich ihnen
die Haare.
Die Haare? Ich meine die Borsten, die stachligen,
die starrten steif nach allen Seiten. Reineke Fuchs
aber erschrak noch mehr; denn ihm war, als hätte er
in ein Nadelkissen gelangt, in dem die Stecknadeln
umgekehrt drinstecken.
»Pfui Teufel!«, fauchte er. »Wie Igel riecht's, wie
Nadeln sticht's!«
Damit ging er rückwärts auf drei Beinen und
schlenkerte sich die roten Tropfen von der Nase.

Igel und Igelin guckten sich an: »Warum ist der Fuchs fortgelaufen?«, fragte Schnief. Schnauf zuckte die Achseln, dass die Stacheln klapperten.

Dann aber fand er die Blutstropfen im Grase und merkte, warum der Fuchs den Appetit verloren hatte. Da sagte er: »Die falsche Schlange hat uns eine gute Waffe angezaubert; nicht um die Welt gäb ich das Stachelkleid wieder her! Jetzt brauchen wir weder Zunge noch Zahn zu fürchten; komm, wir wollen das tückische Wesen umbringen!«

Das taten sie unverzüglich. Und als sie tot lag und nicht mehr zuckte, die böse Kreuzotter, da verspeisten die Igel ihren schuppigen Leib; Schnauf fing beim Kopf an und Schnief beim Schwanz und in der Mitte hörten sie auf und leckten sich die Lippen: »Hat gut geschmeckt!«

Siehst du, so kommt es, dass der Igel
den Stachelpanzer noch heute trägt
und dass er keine Kreuzotter leiden kann.

Hagdis Hollriede

Giftzähne für
die Klapperschlange

Einst war die Klapperschlange ein sanftes Tier.
Der Sonnengott hatte vergessen,
ihr eine Waffe zu geben,
mit der sie sich hätte schützen können.
Darum nannte man sie »Sanftes Kind«.

Das Geräusch ihrer Klapper, das uns heute
so sehr erschreckt, machte
niemandem Angst. Die
anderen Tiere fanden
es komisch, und sie
lachten darüber.

Eines Tages, als alle
Tiere miteinander ein
Fest feierten, sagte ein
freches kleines Kaninchen:
»Kommt, wir wollen die
Klapperschlange mal ordentlich ärgern!«
Es nahm die Klapperschlange
und warf sie dem Stinktier zu. »Fang!«, rief es.

Das Stinktier fing die Klapperschlange
und warf sie der Antilope zu.
»Fang!«, rief es.
Die Antilope fing die Klapperschlange
und warf sie der Gazelle zu.
»Fang!«, rief sie.

So hatten sie ihren Spaß
auf Kosten der armen Klapperschlange,
die sich nicht wehren konnte.

Dem Sonnengott tat die Schlange Leid
und er gab ihr einen Rat:
»Hol dir zwei scharfe Dornen von der Pflanze,
die man Teufelsklaue nennt.
Die stecke dir ins Maul!«
Die Schlange tat, wie ihr geheißen.

»Jetzt musst du klappern und die andern warnen,
wenn sie dich böse machen«,
sagte der Sonnengott.
»Zubeißen darfst du erst,
wenn es gar nicht mehr anders geht.«

Am nächsten Tag wollte das Kaninchen
die Schlange wieder herumstoßen
und als Ball benutzen.
Die Klapperschlange klapperte zur Warnung,
aber das Kaninchen lachte nur.

Da erinnerte sie sich an die beiden Dornen,
die sie noch immer im Maul trug,
und sie biss das Kaninchen,
das mit gar keiner Gegenwehr gerechnet hatte.
Der Biss war tödlich.

Die anderen Tiere hörten davon
und verloren alle Lust,
die Klapperschlange zu ärgern.
Sie machten einen großen Bogen um sie.

Bis auf den heutigen Tag
beißt eine Klapperschlange nur dann,
wenn sie sich anders
nicht mehr zu helfen weiß, und erst dann,
wenn sie vorher geklappert hat.

Indianermärchen

VIII.
KAPITEL

*Es erzählt dir
von der Nacht und ihren Kindern,
von Kummer und Trost
und vom Schlafen und Ausruhen.*

Die Schwäne

Eine Schar von Schwänen
flog aus den kalten Gegenden
in die warmen Länder.
Die Schwäne zogen übers Meer.
Tag und Nacht und einen weiteren Tag
und noch eine Nacht flogen sie,
ohne auszuruhen.
Am Himmel stand der Vollmond
und die Schwäne sahen tief unter sich
das dunkle Wasser.
Alle Schwäne waren müde
vom Flügelschlagen,
flogen aber immer weiter.

An der Spitze zogen alte, starke Schwäne,
ihnen folgten die jüngeren
und schwächeren.
Ein junger Schwan flog als Letzter.
Seine Kräfte ließen nach.
Er schlug mit den Flügeln
und konnte nicht mehr weiter.
Da hielt er die Flügel ruhig
und ließ sich niedergleiten.

Er näherte sich immer mehr dem Wasser,
während seine Kameraden oben am Himmel
im Mondenschein davonzogen.

Der Schwan ließ sich auf das Wasser nieder
und legte seine Flügel zusammen.
Das unruhige Meer wiegte ihn hin und her.
Die anderen Schwäne waren nur noch
als silberner Streifen am Horizont zu sehen.
Ganz leise sangen in der Stille ihre Flügel.

Als sie völlig den Blicken entschwunden waren,
legte der erschöpfte Schwan
seinen Hals auf den Rücken
und schloss die Augen.

Er bewegte sich nicht.
Nur das Meer hob und senkte sich
in breiten Wellen
und wiegte ihn auf und nieder.

Vor dem Morgengrauen
kräuselte ein leichter Wind das Meer.

Das Wasser spritzte
gegen die weiße Schwanenbrust.
Der Schwan schlug die Augen auf.
Im Osten rötete sich der Morgenhimmel.
Mond und Sterne verblassten.

Der Schwan seufzte,
reckte den schlanken Hals,
schlug mit den Flügeln,
erhob sich und flog davon.
Er stieg immer höher und höher,
und das Wasser lag bald tief unter ihm.

Er flog dorthin,
wo die warmen Länder liegen,
über verborgene,
geheimnisvolle Gewässer,
dorthin, wohin seine Kameraden
geflogen waren.

Leo Tolstoi

Die Kinder der Nacht

Die Nacht nutzt sich ab bei ihrer Arbeit.
Nicht oben in den Sternen nutzt sie sich ab.

Auf der Erde, zwischen Steinen und Bäumen,
auf dem Grund stickiger Schächte
und feuchter Keller nutzt sie sich ab,
wie ein am Boden schleppendes Gewand.

Es gibt keinen Winkel, in den nicht
ein Zipfelchen der Nacht eindringt.

Da wird es von den Dornen zerrissen,
vom Frost aufgeraut,
vom Schmutz zerfressen.

Und jeden Morgen,
wenn die Nacht entschwebt,
lösen sich Fetzen von ihr ab
und bleiben da und dort hängen.

So entstehen die Fledermäuse.
Und diesem Ursprung ist es zuzuschreiben,
dass sie den Glanz des Tages nicht ertragen.

Wenn wir nach Sonnenuntergang
draußen die Abendkühle genießen,
lassen sie sich
von den alten Balken herunterfallen,
an denen sie an einer ihrer Krallen
wie leblos hingen.

Ihr linkischer Flug ängstigt uns.
Mit federlosen,
von Fischbeinstäbchen gestützten Flügeln
umschwirren sie uns zuckend.

Meine Freundin bedeckt ihr Gesicht,
während ich aus Angst
vor dem unreinen Anprall den Kopf abwende.

Wie man doch übertreibt!

Sie sind nicht böse.
Sie berühren uns nie.
Es sind die Kinder der Nacht,
sie verabscheuen nur das Licht

und suchen nach Kerzen,
um sie mit dem Rascheln
ihrer kleinen Trauerschleier
auszulöschen.

Jules Renard

114

Die weiße Lilie

Es war einmal ein Mädchen,
dem waren Vater und Mutter früh gestorben,
so dass es schon in jungen Jahren
bei fremden Menschen leben
und sein Brot verdienen musste.

Wenn es seine Arbeit getan hatte,
setzte es sich in den Garten
und fand Trost bei den Blumen,
solange es ihre Gesichter erkennen konnte.

Sobald aber in der Dämmerung
all die Farben ringsum erloschen,
überwältigten Schmerz und Sehnsucht
das einsame Mädchen.

Es wandte die Augen zum Himmel
und ließ sie verzweifelt von Stern zu Stern wandern,
als könnten sie dort oben
die verlorenen Eltern wiederfinden.
Aber es sah nur das ferne Licht der Sterne.

Da war ihm eines Tages, als fiele aus der Milchstraße
eine Träne herab und mitten in den Garten.
Und bald darauf wuchs dort eine fremde Blume,
deren reine, weiße Blüten
das unschuldige Mädchen trösteten,
wenn alles Leben im Haus und alles Blühen im Garten
in tiefer Ruhe atmete.

Ute Andresen

Siebenschläfer

Der Siebenschläfer träumt so gerne.
Als seine Mutter ihn wecken wollte,
brummte er nur: »Lass mich noch!«

Als sie zum zweiten Mal zum Wecken kam,
sang schon die Morgenamsel im Hof,
aber er wollte weiterträumen.

Beim dritten Wecken war's heller Tag,
aber er wurde und wurde nicht wach.

Als sie ihn zum vierten Mal rüttelte,
stand die Sonne hoch am Himmel.
Der Siebenschläfer schnarchte laut.

Um fünf Uhr weckte sie ihn noch einmal.
Er lag da und rührte sich nicht.

Die Sonne ging unter und die Mutter
kam zum sechsten Mal, um ihn zu wecken.
Er hob den Kopf und sank zurück ins Nest.

Als alle andern müde waren vom Tag,
stand der Siebenschläfer endlich auf.
»Jetzt will ich aber was erleben!«,
sagte er und tobte herum
wie ein wildes Gespenst.

Ute Andresen

Die Passionsblume

Als der Herr Jesus auf Golgatha am Fuße des Kreuzes
angelangt war, an dem er sterben sollte, bog er den
Zweig einer Pflanze zur Seite, um nicht auf ihn zu
treten.

Die Pflanze rankte sich an seinem Kreuz empor,
umschlang ihn wie mit Freundesarmen und lächelte
ihm zu mit Blütenaugen voller Mitleid und Trost,
während die Menschen ihn verhöhnten.

Seither erinnert sie uns an sein Leiden und an die
tröstende Kraft der Liebe. Ihre Blüten schließen sich
am Ende des Tages, aber am nächsten Morgen öffnen
sich neue.

Ute Andresen

Lichter im Dunkeln

Wen suchen die Johanniswürmchen,
wenn sie in warmen Mittsommernächten
lautlos über die Wiesen
und durch die Büsche huschen?
Du siehst nur das grüne Leuchten
ihrer kleinen Laternen,
die manchmal ganz plötzlich verlöschen,
um gleich wieder angezündet zu werden.

Die Elfenkinder sind nicht heimgekommen.
Sie wollen in der lauen Dunkelheit
draußen herumgeistern und toben
und überhaupt nicht schlafen gehen.
Sie tun so, als hörten sie nicht,
wie ihre Eltern sie rufen.
Da bitten dann die Elfeneltern
die Johanniswürmchen um Hilfe.

Aber erst wenn die Elfchen ganz müde sind,
lassen sie sich finden und heimtragen
und zu Bett bringen.
Dann können die Johanniswürmchen
das Licht in ihren Laternen ausblasen.

Ute Andresen

IX.
KAPITEL

*Es erzählt dir
von Schönheit und Stolz,
von Lieblosigkeit und Verrat,
von Eifersucht und Eitelkeit
und von der Bescheidenheit.*

Der Pfau

Heut wird er bestimmt Hochzeit halten.
Eigentlich war es für gestern vorgesehen.
In seinem Galakleid stand er bereit.
Er wartete nur noch auf die Braut.
Sie ist nicht gekommen.
Aber jetzt muss sie jeden Augenblick kommen.

Glorreich schreitet er auf und ab,
mit den Allüren eines indischen Prinzen,
der die standesgemäßen, reichen Geschenke
mit sich trägt,
vor Liebesglut strahlen seine Farben lebhafter,
und sein Krönchen erhebt sich wie eine Leier.

Die Braut kommt nicht.

Er steigt zuhöchst aufs Dach
und blickt gegen die Sonne.
Er stößt seinen höllischen Schrei aus:
»Lea! Lea!« So ruft er seine Braut.
Aber er sieht niemanden kommen,
und niemand antwortet.

Die Hühner sind's gewohnt
und heben nicht einmal mehr den Kopf.
Sie haben es längst satt, ihn zu bewundern.
Er steigt wieder in den Hof hinab,
seiner Schönheit so völlig gewiss,
dass er außerstande ist, es ihnen zu verübeln.

Die Hochzeit ist
auf morgen verschoben.
Und da er
mit dem Rest des Tages
nichts mehr
anzufangen weiß,
begibt er sich
zur Freitreppe,
deren Stufen er
wie Tempelstufen
mit gemessenen Schritten
ersteigt.
Er rafft
seine Mantelschleppe hoch;
sie ist schwer
von all den Augen,
die sich nicht von ihr
haben abwenden können.
Er probt noch einmal
das Hochzeitszeremoniell.

Jules Renard

März

Weil von überall her,
wohin ich auf der Straße blicke,
mich irgendein Ei anlächelt,
weil's die Zeit der Ostergeschenke
und der gemalten Eier ist,
und weil ich Eier gar nicht gern esse,
und weil Folgendes tatsächlich passieren konnte,
will ich euch die Geschichte eines Eies erzählen:

Es lebte einmal –
vor etwa vierhundert Jahren –
in Spanien ein Huhn,
eine ganz gewöhnliche Henne,
die im Hofe scharrt und jedes Körnchen
immer nur mit einem Auge ansieht
und Eier legt und dabei gackert.

Also, einmal hat sie ein Ei gelegt
und hat nicht gegackert.
Sie saß auf ihm schweigend
und sah so irgendwie aus –
na kurz: sehr feierlich und geheimnisvoll,
so dass sich der ganze Hühnerhof wunderte.

»Ich bitte dich«,
sagte zu ihr ein anderes Huhn,
»du alte Gluckhenne, was ist mit dir?
Du machst ja ein Gesicht wie eine Äbtissin
oder weiß der Himmel was.
Ist dir vielleicht schlecht?«

Da schaute
die glückliche Henne
mit stolzem
und mütterlich
seligem Blick auf:
»Gerade jetzt«,
erklärte sie feierlich,
»gerade jetzt habe ich
das Ei des Kolumbus*
gelegt.«

Karel Čapek

* Kolumbus war Spanier. Er hat Amerika entdeckt.
Und auf dem Ei kannst du, wenn du genau hinschaust,
den Umriss des amerikanischen Kontinents entdecken.

Warum die Schweine Ringelschwänze haben

Es gibt ja viele Menschen, die prahlen gern
und geben an, wollen alles können
und immer bewundert werden.
Und der Teufel,
der treibt es mit der Prahlerei am allerärgsten.

Wenn er einen Menschen verführt, mit ihm
zu wetteifern, dann weiß der bald nicht mehr,
was ihm lieb ist und was man tun und lassen soll.

Einmal kam der Teufel zu einem Bauern und sagte:
»Bauer, ich kann, wenn ich will,
alle deine Schweine eins nach dem andern über
das Dach des Schweinestalls werfen.«

»Das ist nun mal keine große Kunst«, erwiderte
herzhaft der Bauer, »das kann ich wohl auch.«
»Dann tu's!«, entgegnete der Teufel.
Der Bauer zögerte nicht lange,
hob eins seiner lieben Schweine hoch
und versuchte, es über das Dach zu werfen.
Es gelang ihm aber nicht.

»Ha, ein Prahlhans bist du!«, sagte der Teufel
und lachte den Bauern aus.
»Jetzt zeige ich dir, wie man das macht!«

Er nimmt ein Schwein beim Schwanz,
macht ihm – so! – eine Schlinge hinein,
damit er es bequemer packen kann, und schleudert es
richtig hoch übers Stalldach.
Das Schwein quiekt zum Erbarmen,
aber der Teufel lacht nur.

Und der Bauer steht da und tut gar nichts.
Er sieht zu, wie der Teufel alle seine Schweine
eins nach dem andern ergreift
und mit einer Schlinge im Schwanz
über das Stalldach schleudert.

Der Teufel hört nicht auf zu lachen.
Schließlich sind alle drüben.

»Siehst du!«, sagte er. »Ich!«
Und mit einem Gestank ist er davon.

Die Schlingen sind alle wieder aufgegangen; aber
ganz so wie vorher wurden die Schwänze nie mehr.

Und der Bauer schämt sich jedes Mal, wenn seine
lieben Schweine ihn fröhlich quiekend begrüßen.

Ute Andresen

München,
7. April 1987

Liebe Monika,

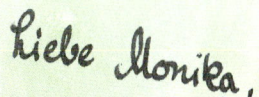

heute morgen ist es mir gelungen:
Ich habe auf der Wiese sieben
Gänseblümchen zugleich mit einem Fuß
bedecken können! Das bedeutet, daß der
Frühling jetzt wirklich da ist.

Gibt es bei Euch in Kanada auch Gänseblümchen? Tausendschönchen nennt man sie auch,
oder Maßliebchen.

Für unser Buch habe ich eine Geschichte
über die Maßliebchen geschrieben. Ich
schicke sie mit.
Malst Du noch ein Bild dazu?

Schade, daß Du heute nicht mit mir den
Frühling und meinen Geburtstag feiern
kannst!

Schreib bald wieder –

Ute

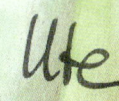

Maßliebchen

Die Sonne schien kräftig vom Himmel
und goss Freude über das Land.
Endlich war es wieder Frühling geworden!

Auf dem Anger mitten im Dorf hatten die Gänse
aufgehört, Gras zu rupfen, hatten sich niedergelegt,
die Augen zugemacht und dösten in der Sonne.
Und weil sie zu träge waren, um zu schnattern,
war es sehr still.

Da vernahmen sie ein Wispern,
ein zartes Zanken von vielen Stimmen ringsum.
Die Blumen stritten sich, wer die Schönste sei
und der Mutter Sonne die Liebste.
Die musste schließlich so sehr lachen,
dass ihre Strahlen förmlich zitterten.
»Ist das so wichtig?«, fragte sie.
»Ist nicht jedes meiner Kinder auf seine Art schön?
Seid zufrieden!«
»Nein!«, riefen alle.
»Du sollst sagen, wen du am liebsten hast!«
»Gut, dann lasst euch mal anschauen!«,
sagte die Sonne.
»An euch Tulpen gefällt mir, dass ihr euch immer
so hübsch gerade haltet. Ich habe euch sehr lieb!«
»Und wir?«, riefen die Hyazinthen.
»Uns hast du nicht lieb?«

»Aber natürlich«, sagte die Sonne,
»euch liebe ich auch. Und was ich besonders liebe,
das ist euer süßer Duft.«

»Wir duften kaum«, seufzten die Stiefmütterchen.
»Aber wir können nichts dafür!«
»So, wie ihr seid, seid ihr meine lieben Kinder«,
sagte die Sonne. »Euch streichle ich gerne,
eure Gesichter sind samtweich.«
Die Stiefmütterchen senkten die Köpfe.
Samtweiche Gesichter – wie schön!

»Am liebsten aber …«, die Sonne zögerte.
Sie wollte keins ihrer Kinder kränken.
Aber sie hatten es doch wissen wollen:
»Am liebsten sind mir die Maßliebchen.«

»Die kleinen, weißen Dinger?«, riefen die Tulpen.
»Die sieht man ja fast gar nicht!«
»Wenn ihr alle blüht«, sagte die Sonne,
»dann sieht man sie freilich kaum.
Aber sie sind treu wie keins von euch andern.
Sie lächeln mir zu, sobald ich sie nur ansehe,
im Frühling, im Sommer und im Herbst.
Einige harren sogar unterm Schnee aus,
um mich ganz früh im Jahr begrüßen zu können,
wenn ihr anderen noch schlaft.«

Die Maßliebchen erröteten. So viel Glück!
Sie hatten nicht erwartet,
von der Mutter erwähnt zu werden.
Und nun waren sie ihr die Liebsten!

»Pah!«, sagten die Tulpen,
»die haben ja nicht mal ein eigenes Beet.«
»Bunte Kleider auch nicht«,
sagten die Stiefmütterchen, »nur weiße.«
»Und duften können sie überhaupt nicht«,
maulten die Hyazinthen.
»Wir riechen jedenfalls nichts davon.
Und wir wissen, was Duft ist.«
Sie sagten das alles nur leise.
Sie wollten die Mutter Sonne nicht erzürnen.
Aber sie ärgerten sich, dass sie die dumme Frage
gestellt hatten. Dann waren sie still.

Die Gänse blinzelten und schauten sich um.
Auf dem Anger verstreut standen überall die kleinen,
weißen Maßliebchen und lächelten der Sonne zu.
Es war wie jeden Mittag.
Die Gänse erhoben sich, rupften Gras hier,
rupften Gras dort und setzten ihre breiten Füße
vorsichtig neben die Maßliebchen. Alle taten das.
Und alle sahen, dass bei manchen Maßliebchen
die weißen Blütenblätter noch ein wenig rot waren.

Die Gänse schnatterten. Sie schnatterten
über den Stall und über das Wetter,
über den Schuster und über das Kind,
das seinen Ranzen am Anger liegen gelassen hatte.
Wie sollte es seine Hausaufgaben machen?
Über das, was sie beim Mittagsschlaf gehört hatten,
schnatterten die Gänse nie.
Keine Gans traute sich, davon anzufangen.
Jede meinte, sie hätte das alles nur geträumt.

Aber die Spitzen der Maßliebchen
sind heute noch ein bisschen rot.

Ute Andresen

Das Heidekraut

Als der Herr Bäume und Büsche, Kräuter und Blumen, alles, was auf Erden grünt und gedeiht, geschaffen hatte, sagte er, dass jetzt alle großen und kleinen Gewächse Wurzeln schlagen dürften, wo sie wollten. So machten sie sich auf den Weg, bergauf und bergab, die einen südwärts, die anderen nordwärts. Fichte und Föhre stiegen auf Berghänge, der Wacholder bis auf die Hochebene, die Laubbäume breiteten sich im Tiefland aus. Das Gras aber grünte überall.

Zuletzt war nur noch das Heidekraut zurückgeblieben. Es stand abseits und konnte sich nicht entschließen.

Der Sommer verging und der Herbst nahte.

»Was soll nun werden?«, fragte der Schöpfer.

»Ach Herr«, antwortete das Heidekraut, »ich stehe da und schaue nach einem Ort, wo kein anderer hinwill.«

»Weit gegen Norden hin liegen einige kahle Hügel«, sagte der Herr, »aber vielleicht sind sie zu hart für dich, wo du so klein bist.«

Kaum hatte er gesprochen, war das Heidekraut schon auf dem Weg.

»Gehe und sei gesegnet«, sagte der Herr.

Bei diesen Worten begann das Heidekraut zu blühen. Und so ist es seither gewesen: Das Heidekraut blüht erst nach den anderen Gewächsen.

Dan Lindholm

X.
KAPITEL

Es erzählt dir vom
Verlieren und Wiederfinden,
von wunderbaren Geheimnissen,
vom Geschenk der Freiheit,
von Not und Elend
und einem glücklichen Ende.

Däumelieschen

Es war einmal eine Frau,
die gar zu gern
ein kleines Kind haben wollte,
aber sie wusste gar nicht,
wo sie es herbekommen sollte.

Da ging sie zu einer alten Hexe
und sagte zu ihr:
»Ich möchte doch gar zu gern
ein kleines Kind haben.
Kannst du mir nicht sagen,
wo ich eines herbekommen kann?«

»O ja, das soll nicht schwer fallen!«,
sagte die Hexe.
»Da hast du ein Gerstenkorn.
Das ist nicht etwa die Art,
wie es auf dem Bauernfelde wächst
oder womit die Hühner
gefüttert werden.
Lege es in einen Blumentopf,
dann wirst du etwas
zu sehen bekommen!«

»Besten Dank!«, sagte die Frau
und gab der Hexe ein Silberstück,
ging dann heim,
pflanzte das Gerstenkorn ein,
und sogleich
spross eine große, herrliche Blume hervor,
die vollkommen einer Tulpe glich.
Die Blätter schlossen sich fest zusammen,
als ob sie noch in der Knospe wären.

»Das ist eine reizende Blume!«,
sagte die Frau und küsste sie
auf die herrlichen roten und gelben Blätter.
Aber wie sie sie noch küsste,
tat die Blume einen großen Knall,
und sie öffnete sich.

Es war eine wirkliche Tulpe,
das konnte man nun sehen.
Aber mitten in der Blüte,
auf einem Stuhl,
saß ein winzigkleines Mädchen,
so fein und liebreizend.

Es war nicht größer als ein Daumen
und darum
wurde es Däumelieschen* genannt.

Hans Christian Andersen

* Wie es Däumelieschen weiter erging, kannst du in einer Sammlung von
Andersens Märchen lesen.

Ein Rätselmärchen

Es waren einmal ein Mann und eine Frau, die hatten
ein einziges Kind und hatten es von Herzen lieb.
Das Kind spielte zu Füßen der Mutter in der Küche
und beim Vater in der Werkstatt.
Es war glücklich und zufrieden dabei.

Als es größer wurde, ging es vors Haus
und in den Garten und bald auch allein auf den Weg.
Dort standen am Rande des Feldes
die schönsten roten Mohnblumen.
Das Kind setzte sich zu ihnen und vergaß alles.
Es vergaß den Vater. Es vergaß die Mutter.
Und es vergaß das Mittagessen.

Vater und Mutter warteten mit der Suppe.
Sie aßen die Suppe und meinten, gleich müsse
die Tür aufgehen, das Kind hereinkommen
und sich mit zu Tisch setzen.
Aber das Kind kam nicht.

Der Vater ging vor das Haus
und rief den Namen des Kindes.
Die Mutter stellte die Kartoffeln auf den Tisch,
die hatte das Kind so gerne.
Sie aßen die Kartoffeln und hofften: Gleich
geht die Türe auf und das Kind stürmt herein.
Aber das Kind kam nicht.

Die Mutter stellte den süßen Brei auf den Tisch.
»Den mag es am allerliebsten«, sagte sie,
»jetzt wird es kommen!«
»Ich will es doch suchen gehen!«, sagte der Vater.
»Dann essen wir zusammen den Brei.«

Er ging fort. Er kam zurück.
Das Kind brachte er nicht mit.
Der Mutter fiel eine Träne in den Brei.
Sie stellte ihn beiseite und ging, um auch zu suchen.

Bis in den Abend und bis in die Nacht
riefen und suchten die armen Eltern ihr Kind
überall im Feld und im Wald.
Nirgends fanden sie eine Spur.
»Vielleicht ist es daheim«, sagte die Mutter.
»Ach«, sagte der Vater und ging etwas schneller.
Aber das Haus war leer.
»Lass uns zu Bett gehen«, sagte der Vater,
»morgen suchen wir weiter.«

In der Nacht ging die Mutter
an das Bettchen ihres Kindes, um dort zu weinen.
Da lag es darin und schlief fest.
Sie steckte ihm die Decke fest, gab ihm
einen leisen Kuss und legte sich auch schlafen.
Am nächsten Morgen war das Kind wieder fort.

»Du hast geträumt«, sagte der Vater,
als die Mutter ihm vom Kind im Bettchen erzählte.
»Lass uns weitersuchen!«

Abends war wieder nichts gefunden und das Haus leer.

Als die Mutter in der Nacht an das Bettchen trat,
lag ihr Kind darin, schlief fest
und hielt etwas Rotes in der Hand.
Sie zog ihm die Decke über die Füße und strich ihm
über den Kopf. Dann legte sie sich schlafen.

Wieder war das Kind am Morgen nicht mehr da,
und die Eltern gingen noch einmal alle Wege,
über alle Wiesen, durch alle Büsche,
fanden nichts und mussten im Dunkeln
in ein leeres Haus heimkehren.

In dieser Nacht schlief die Mutter so fest,
dass sie nicht aufwachte. Aber der Vater
lag lange wach, ging schließlich zum Bettchen
und fand richtig das schlafende Kind.

Er hob es hoch.
Da schlug es die Augen auf,
erkannte den Vater und lächelte.
»Wo warst du?«, fragte er.

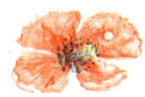

»Bei den roten Mohnblumen am Wege«, sagte es.
»Ich muss vor Tag zu ihnen zurück.
Diese Nacht ist die letzte daheim.
Morgen Mittag bin ich für immer verwandelt
und bleibe dort.«

Der Vater wollte es nicht glauben,
das Kind war so warm in seinem Arm.
Er legte es zurück ins Bettchen,
setzte sich auf den Stuhl daneben,
hielt seine kleine Hand
und wartete, dass es Morgen würde.
Als es hell wurde, wachte er auf.
Das Kind war verschwunden.
Er lief hinaus zu den Mohnblumen
und versuchte zu erkennen,
welche von ihnen sein Kind sein könnte.
Er wollte es nicht für immer an die Blumen verlieren.

Und er erkannte die eine besondere Blume, brach sie,
hatte wieder sein Kind in den Armen
und trug es heim.

Wie konnte ihm das gelingen?*

Ute Andresen

* Des Rätsels Lösung findest du im Nachwort.

Der leere Käfig

Katrin träumt von einem Vogel,
der ihr ganz allein gehört.
Sie wünscht sich einen Käfig.
Den hängt sie ans Fenster
und legt vorsichtig ein Nest aus Watte hinein.
Später stellt sie ein Schälchen voller Körner
und einen Napf frisches Wasser dazu.
Das Wasser erneuert sie jeden Tag.
Und dann hängt sie eine Schaukel in den Käfig
und einen Spiegel.
Die Tür des Käfigs bleibt offen.

Katrin steht oft am Fenster und lauscht,
als im Frühling die Sonne scheint,
als der Schnee schmilzt,
als es von allen Dächern und Bäumen tropft
und die Meisen läuten: »Zizibe, zizibe …«
Sie sieht sie hüpfen und picken und schaukeln.
Wo eine Meise ruft,
antwortet bald eine zweite und eine dritte:
»Zizibe, zizibe …«

Katrin schaut dem Taubenschwarm zu,
der sich auf dem Dach des Nachbarhauses
versammelt hat.
Immer wieder erheben sich alle Tauben
zugleich in die Luft.

Der Schwarm kreist über den Häusern,
verschwindet ein Weilchen,
taucht plötzlich wieder auf
und landet auf dem Dach.

Einmal kommt Katrin zu spät zur Schule.
Weit und breit ist kein Kind mehr unterwegs.
Auf jeder Lampe am Wege hockt eine Möwe.
Im Hof der Schule werfen zwei Amseln
Papiere aus dem Abfallkorb.
Eine Elster fliegt auf,
irgendetwas blinkt in ihrem Schnabel.
Spatzen, Spatzen schwirren durcheinander.
Sie tschilpen und picken Krümel auf,
die am Tag vorher
in der Pause liegen geblieben sind.

Katrin geht im Park spazieren.
Sie sieht einen kleinen Vogel,
der unter einem Busch im Laub herumhüpft.
Er sucht etwas.
Als er auffliegt,
hat er den ganzen Schnabel voll Hälmchen,
ein ganzes Büschel trägt er davon.
Katrin wüsste gerne,
wie der Vogel heißt
und wo er sein Nest baut.

Einmal im Sommer wacht Katrin auf,
als gerade der erste Morgen dämmert.
Es ist still rings um das Haus.
Da hört sie ein Zwitschern, so zart,
als zwitschere jemand im Traum.
Bald hört sie es wieder.
Dann eine zweite Stimme.
Dann noch eine und noch eine.
Als alle Vögel rings um das Haus
jubelnd den neuen Morgen begrüßen,
schläft Katrin wieder ein.

Am Abend, als sie im Bett liegt,
singt draußen die Amsel.
Katrin kann sie vom Bett aus nicht sehen,
aber sie weiß:
Die Amsel sitzt oben auf einem Schornstein.
Den ganzen Sommer schon
sitzt sie jeden Abend da oben
und singt und singt.

Als die Mutter kommt,
um Katrin eine gute Nacht zu wünschen,
hört auch sie die Amsel.
»Was für einen Vogel wünschst du dir denn
für deinen Käfig?«, fragt sie.
Sie hat schon oft so gefragt.

»Gar keinen Vogel«, sagt Katrin.
»Ich lass den Käfig leer
und die Tür lass ich immer offen.
Mein Vogel soll frei bleiben
und herumfliegen mit den andern
und ein Nest bauen und Junge ausbrüten
und immerzu singen.
Ein Vogel im Käfig ist traurig.«

Sie hören die Amsel singen.
Dann gibt die Mutter Katrin einen Kuss,
und sie bleibt allein.

Die Amsel singt immer noch.

Ute Andresen

Das Paradies der Tiere

Ein armes altes Pferd stand träumend
vor der Tür eines elenden Wirtshauses.
Es regnete, Mitternacht war nahe.
Das arme Pferd wartete todtraurig,
mit herabgesunkenem Kopf
und schwachen Beinen.

Diese Nacht nun träumte ihm
von dem kleinen Füllen,
das es einmal gewesen war,
von einer Wiese, auf der es,
noch ganz rosig, seine Sprünge machte.

Da stürzte das alte Pferd plötzlich tot hin
auf das schmutzige Pflaster.

Das Pferd kam an das Tor des Himmels.
Ein großer Weiser stand davor und wartete,
dass Sankt Peter komme und ihm öffne.
Er sagte zu dem Pferd:
»Was willst du denn hier?
Du hast kein Recht,
in den Himmel zu kommen.«

Das alte Pferd erwiderte ihm:
»Meine Mutter war eine liebe Stute.
Sie war alt und abgerackert,
als sie starb.
Ich komme jetzt,
um den lieben Gott zu fragen,
ob sie hier ist.«

Da öffnete das Tor des Himmels
seine beiden Flügel,
und das Paradies der Tiere lag vor ihnen.

Das alte Pferd erkannte sofort seine Mutter
und auch diese erkannte es,
und sie begrüßten einander wiehernd.

Da sie nun beide
auf der himmlischen Wiese standen,
hatte das Pferd eine große Freude,
denn es erblickte alle seine Gefährten
aus dem einstigen Elend wieder,
und es sah,
dass sie für immer glücklich waren.

Alle waren da:
die, die ausgleitend und stolpernd
einst auf dem Pflaster der Städte
Steine geschleppt hatten
und lahm geschlagen
vor den Wagen mit Lasten
zusammengebrochen waren;
und die, welche mit verbundenen Augen
zehn Stunden am Tag im Karussell
die Holzpferdchen gedreht hatten.

Und alle gingen herum in Ewigkeit
über das große Gefilde
der göttlichen Stille.
Alle Tiere waren glücklich.

Zierlich und geheimnisvoll,
selbst dem lieben Gott,
der ihnen lächelnd zusah, ungehorsam,
spielten die Katzen
mit einem Knäuel Bindfaden,
den sie mit leichter Pfote weiterrollten.

Die Hündinnen, die guten Mütter,
verbrachten ihre Zeit damit,
ihre winzigen Jungen zu säugen.

Die Fische schwammen
ohne Angst vor dem Fischer
dahin.

Der Vogel flog,
ohne den Jäger zu fürchten.

Und so war alles.

Francis Jammes

Nachwort

Ein Buch, das mit einem Vorwort anfängt, muss mit einem Nachwort enden. Im Vorwort habe ich dich begrüßt, uns vorgestellt und dir gesagt, warum Monika Popp und ich dieses Buch gemacht haben: Wir hoffen, dass es die Liebe und Achtung in dir stärkt, die die Menschen allen Tieren und Pflanzen schulden, die mit ihnen auf der Welt leben. Du solltest aber in diesen Brüdern und Schwestern auch dich selbst erkennen, dich besser verstehen und fröhlicher lieben.

Nun im Nachwort müssen wir uns verabschieden. Vorher will ich aber noch ein paar von den Dingen erwähnen, die wir gerne in dieses Buch aufgenommen hätten, wenn es nur noch dicker hätte werden dürfen. Das soll dich neugierig machen auf all die Bücher, die auf dich warten.

Möchtest du vielleicht wissen, warum der Regenbogen in sieben Farben schimmert, warum er nur einen halben Kreis beschreibt und warum es ihn überhaupt dann und wann gibt? – Dafür hat man naturwissenschaftliche Erklärungen gefunden, die etwas mit der Brechung und Reflexion des Lichtes zu tun haben. Du kannst sie im Lexikon nachlesen.

Es gibt aber auch ein Märchen bei uns, das erzählt, es sei dort, wo der Regenbogen die Erde berührt, ein Schatz vergraben. Im Glauben der Inder, Finnen und Araber ist der Regenbogen der Weg, auf dem die Verstorbenen ins Jenseits ziehen. Im Alten Testament

heißt es, er sei nach der Sintflut am Himmel erschienen als Zeichen der Versöhnung Gottes mit den Menschen. Und in einem Buch mit Sagen aus der Oberpfalz steht: »Der Regenbogen ist eine Brücke. Auf ihr ging die Taube, als Noah sie aus der Arche entließ, damit sie nicht ertrank.« In der Religion Babylons aber galt der Regenbogen als Halsschmuck einer Göttin. Was davon ist richtig?

Wir sollten fragen: Was ist wahr? – Die Wahrheit zeigt sich in vielerlei Bildern und Geschichten. Wenn Herz und Verstand uns miteinander sagen: »So könnte es gewesen sein!« – dann sind wir der Wahrheit nahe.

Unter den Geschichten steht, woher sie kommen, in welchem Teil der Welt, von welchem Volk oder Stamm sie ursprünglich erzählt wurden. Und weil sie ehemals in der mündlichen Überlieferung von Erzähler zu Erzähler immer wieder neu geschaffen wurden, habe ich mich frei gefühlt, auch hier und da etwas zu ändern. Wo der Name des Autors unter dem Text steht, ist aber nichts geändert worden.

Im VI. Kapitel findest du zweimal den Vermerk: »Nach Ovid«. Ovid lebte vor zweitausend Jahren in Rom und war dort ein gefeierter Dichter. Eins seiner Werke heißt »Metamorphosen« und enthält Sagen, in denen Menschen verwandelt werden wie Philemon und Baucis oder Narcissus. Ihre Geschichten habe ich nacherzählt. Lies sie später einmal bei Ovid nach.

Unter vielen Geschichten steht mein Name. Aber denk nicht, ich hätte sie allein meiner Phantasie zu verdanken. Dass ein Drachen Erdbeben verursachen könne wie in der Geschichte »Tu's nicht!«, das hat mir Philipp Knapp erzählt, als er bei mir zur Schule ging. Die Idee für den »leeren Käfig« habe ich von Jules Renard entlehnt, die für das »Rätselmärchen« von den Brüdern Grimm.

Die Lösung des Rätsels? – Eine einzige Mohnblume trug keine Tautropfen, weil sie die Nacht als Kind daheim im Bett verbracht hatte.

Viele Ideen für Geschichten stecken in Namen:

Himmelsschlüssel, Hirtentäschel, Wegwarte … Magst
du erzählen, was es mit dem Rittersporn auf sich hat?
Und dann: Wo sind die Kinder des Stiefmütterchens?
Oder: Warum heißt die Ackerwinde von alters her
auch »Muttergottesgläschen«?

Wenn du dir etwas Schönes ausgedacht hast, solltest
du es jemandem erzählen, den du gern hast.

Ute Andresen

Inhaltsverzeichnis

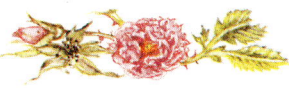

Quellenverzeichnis

Däumelieschen – aus: Andersens Märchen.

Der Rosenelf – aus: Andersens Märchen.

Warum die Häsin nur drei Tage Milch gibt – aus: Kaukasische Märchen. Aufgezeichnet von Ulrich Benzel. Verlag F. Englisch, Wiesbaden 1976.

Verschiedenes Bedürfen – Ernst Bloch, aus: Gesamtausgabe in 16 Bänden. Suhrkamp Verlag, Frankfurt a. M. 1985.

Rabengeschichte – Georg Bydlinski, aus: Die Mutwurzel. Hrsg. von Lene Mayer-Skumanz. St. Gabriel Verlag, Mödling-Wien 1985.

März – Karel Čapek. Aus dem Tschechischen von Jan Jelinek.

Als die Sonne fort war – aus: E. E. Clark, Indian Legends of Canada. McClelland and Stewart, Toronto 1960. Aus dem Amerikanischen von Ute Andresen.

Giftzähne für die Klapperschlange – aus: Oskar Dähnhardt, Naturgeschichtliche Volksmärchen. Teubner Verlag, Leipzig/Berlin 1912.

Perlen für die Hühner – aus: O. Dähnhardt, s.o. (bearb.).

Die Schildkröte schämt sich – aus: O. Dähnhardt, s.o.

Spinne und Fliege – aus: O. Dähnhardt, s.o.

Das Stinktier stinkt – und wie! – aus: O. Dähnhardt, s.o.

Der Tanz der Wölfe – aus: O. Dähnhardt, s.o.

Warum die Schweine Ringelschwänze haben – aus: O. Dähnhardt, s.o.

Wer zuletzt kaut – aus: O. Dähnhardt, s.o.

Der Fuchs und die Gänse – aus: Märchen der Brüder Grimm.

Wie das Feuer auf die Erde kam – aus: Frederik Hetmann, Indianermärchen aus Nordamerika. S. Fischer Verlag, Frankfurt a. M. 1970.

Wo die Kälte herkommt – aus: Franz Hohler, Der Granitblock im Kino. Luchterhand Verlag, Darmstadt und Neuwied 1981.

Wie die Igel Stacheln kriegten – aus: Hagdis Hollriede, Wie die Igel Stacheln kriegten. Thienemann Verlag, Stuttgart. © Hagdis Hollriede.

Das Paradies der Tiere – Francis Jammes, aus: Der Löwe und die Maus. Hrsg. von Anne M. Rotenberg, Insel Verlag, Frankfurt a. M. 1976. © der Übersetzung: Mercure de France, Paris.

Das Heidekraut – aus: Dan Lindholm, Wie die Sterne entstanden. Verlag Freies Geistesleben, Stuttgart 1982.

Schwester Maus – nach: Werner Müller, Geliebte Erde. Bouvier Verlag, Bonn 1979.

Die Kinder der Nacht – aus: Jules Renard, Naturgeschichten. Manesse Verlag, Zürich 1960. Übersetzt von Kuno Weber.

Der Pfau – aus: Jules Renard, s.o.

Die endlose Geschichte vom Storch und von der Rohrdommel – aus: Das große Lalula und andere Gedichte und Geschichten von morgens bis abends für Kinder. Russisches Volksmärchen, übertragen von Xaver Schaffgotsch. Ellermann Verlag, München 1971.

Warum der Schnee weiß ist – aus: Franz Xaver Schönwerth, Sitten und Sagen der Oberpfalz, Georg Olms Verlag, Hildesheim 1977.

Die Stachelschweine – Arthur Schopenhauer, aus: Der Löwe und die Maus, s.o.

Die Schwäne – Nikolai Tolstoi, aus: Der Löwe und die Maus, s.o. Aus dem Russischen übertragen von Manfred von Buch.

Ute Andresen war fast fünfundzwanzig Jahre lang Grundschullehrerin in München. Seither gibt sie u.a. an der Universität Erfurt ihre Erfahrungen mit lernenden Kindern an künftige GrundschullehrerInnen weiter.
Bei Beltz & Gelberg erschien von ihr bisher *ABC – und alles auf der Welt*. Weiter veröffentlichte sie im Beltz Verlag die viel beachteten pädagogischen Sachbücher *So dumm sind sie nicht – Von der Würde der Kinder in der Schule, Das zweite Schuljahr, Versteh mich nicht so schnell – Gedichte lesen mit Kindern* und *Ausflüge in die Wirklichkeit – Grundschulkinder lernen im dreifachen Dialog*.

Monika Popp (1941 – 1998) wuchs in Nürnberg auf. Sie studierte an der Akademie der Bildenden Künste in Nürnberg und an der Kunstakademie in München, wo sie anschließend als Dozentin lehrte. Monika Popp hat zahlreiche Bilderbücher veröffentlicht.

Editorische Notiz:
Bruder Löwenzahn und Schwester Maus erschien 1989 erstmals als gebundene Ausgabe im Ravensburger Buchverlag und wurde für diese Ausgabe überarbeitet und in die neue Rechtschreibung gesetzt.
Lediglich die auf den Seiten 20 und 127 abgebildeten Briefe wurden in alter Rechtschreibung belassen.

www.beltz.de
© 2004 Beltz & Gelberg
in der Verlagsgruppe Beltz · Weinheim Basel
Alle Rechte vorbehalten
Neue Rechtschreibung
Illustrationen von Monika Popp
Einband: Dorothea Göbel unter Verwendung
von Illustrationen von Monika Popp
Gesamtherstellung
Druckhaus Beltz, Hemsbach
Printed in Germany
ISBN 3 407 79871 7
1 2 3 4 5   08 07 06 05 04

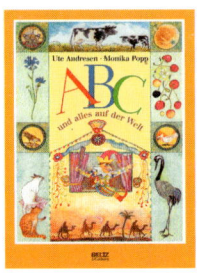

Ute Andresen
ABC und alles auf der Welt
Mit Bildern von Monika Popp
Broschiert, 160 Seiten (75315)   *ab 6*

»ABC und alles auf der Welt« schenkt Kindern Bilder, Wörter, Gedichte und
Geschichten. Hier können Kinder selbst herausfinden, wie Laute und Buchstaben, Dinge
und Wörter, Sprache und Schrift zusammengehören. Jeder Buchstabe hält mit pfiffigen
und poetischen und liebevoll genauen Bildern viele kleine Bildungserlebnisse bereit.
So wird bereits das allererste Lesen faszinierend und weckt die Neugier auf alles,
was sich lesen lässt, und auf die in Büchern gezeigte und erzählte Welt.

»Es ist ein wunderschönes Buch und ich hoffe nur, dass es vielen Kindern viel
Freude bereiten wird. Es ist genau ein Buch, wie ich mir vorgestellt habe, dass solche
Bücher sein sollen.« *Bruno Bettelheim*

»Ute Andresen verfügt als Grundschullehrerin und Fortbildungsleiterin
über große Erfahrung und hat einen wunderschönen Band
›ABC und alles auf der Welt‹ vorgelegt, für den viele Erstleser die Schulfibel
in die Ecke schmeißen würden.« *FAZ*

»Ein farbiges Bilder- und Lesebuch mit viel Liebe zum Detail. Geeignet zum Schenken,
Vorlesen, Selberlesen, Betrachten und Erzählen.« *Bücherbär*

»Schön geordnet präsentiert sich das Alphabet in diesem liebevollen Buch für
Lesenlernende.« *Der Sonntag, Karlsruhe*

www.beltz.de
Beltz & Gelberg, Postfach 100154, 69441 Weinheim